Chad Eastham

Was Jungs an Mädchen wirklich mögen

Aus dem Englischen übersetzt von
Thorsten Krämer

Mix
Produktgruppe aus vorbildlich bewirtschafteten
Wäldern und anderen kontrollierten Herkünften
www.fsc.org Zert.-Nr. SGS-COC-001940
© 1996 Forest Stewardship Council

Verlagsgruppe Random House FSC-DEU-0100
Das FSC-zertifizierte Papier *Super Snowbright* für dieses Buch
liefert Hellefoss AS, Hokksund, Norwegen.

Die amerikanische Originalausgabe erschien im Verlag
Thomas Nelson, Nashville, Tennessee
unter dem Titel „Guys like girls who ..."
© 2008 by Chad Eastham
© der deutschen Ausgabe 2010 by Gerth Medien GmbH, Asslar
in der Verlagsgruppe Random House GmbH, München

1. Auflage 2010
Best.-Nr. 816 561
ISBN: 978-3-86591-561-0
Umschlaggestaltung: Provinzglück GmbH, Gladenbach
Umschlagfoto: www.istockphoto.com (attator)
Lektorat: Nadine Weihe
Satz: Die Feder GmbH, Wetzlar
Druck und Verarbeitung: GGP Media GmbH, Pößneck
Printed in Germany

Inhalt

Einleitung: Komische Momente   7

Kapitel 1: Glückwunsch, du bist ein Mädchen!   15

Kapitel 2: Von Jeanshosen und Selbstwertgefühlen   25

Kapitel 3: Erste (Tanz-) Schritte in Sachen
              Beziehungen   39

Kapitel 4: Wie Jungs ticken   57

Kapitel 5: Nur Tofu essen ist auch keine Lösung   71

Kapitel 6: Zickenalarm   89

Kapitel 7: Achtung, Vorsicht: Klette!   107

Kapitel 8: Mach was aus deinem Leben   123

Kapitel 9: Das Wort mit den vier Buchstaben   141

Kapitel 10: Freundschaft – darauf kommt's an   165

Kapitel 11: Geheimnisvolle Mädchen
               und ihre Kommunikation   183

Kapitel 12: Du bist kostbar!   201

Kapitel 13: Ein Navi für deine Beziehungs-Landkarte   215

Einleitung

Komische Momente

Es ist so still, dass man eine Stecknadel fallen hören könnte. Ich bin zwar nicht allein, doch könnte ich ein Flüstern in einem Kilometer Entfernung hören. Das Seltsame an der Sache ist: Ich blicke in ein riesiges Publikum von mehr als zehntausend Mädchen, die wiederum mich angucken, und wir alle geben keinen Ton von uns. Ganz schön verrückt, oder? Es ist ja schon unwahrscheinlich, dass eine Gruppe mit nur *zehn* Mädchen still ist. Aber *zehntausend* Mädchen, die alle mucksmäuschenstill sind? Das ist unvorstellbar. Was um alles in der Welt könnte der Grund für diese gespannte Aufmerksamkeit sein?

Ich habe bloß gesagt: „Was Jungs an Mädchen wirklich mögen ..."

Und sofort herrschte Schweigen.

Jedes Mal, wenn so etwas passiert, wird mir eine Sache immer deutlicher: Jungs und Mädchen fällt es wirklich nicht leicht, einander zu verstehen. Immer wieder bin ich davon überwältigt, wie angestrengt jedes einzelne Mädchen zuhört, wenn es auf das Ende meines Satzes wartet. In diesen kurzen Momenten wird mir klar: Mädchen wollen Jungs verstehen, und Jungs wollen Mädchen angucken. Nein, ich meine natürlich: … wollen Mädchen verstehen.

Okay, Jungs wollen *beides*. Aber worum es eigentlich geht: Wir alle wollen einander verstehen. Es gibt Tausende von Dingen, in denen wir uns unterscheiden – Mädchen haben dieses gewisse Gespür für Farben und Outfits, Jungs halten den Ausdauerrekord bei Computerspielen; Jungs kennen gerade mal ein paar Worte, um ihre Gefühle auszudrücken, während Mädchen in dieser Hinsicht einen geradezu ausufernden Wortschatz haben. Diese Unterschiede können einen manchmal frustrieren und verwirren, aber meistens sind sie vor allem faszinierend, und deswegen möchten wir gerne mehr über diese andere Person im selben Raum wissen.

Weißt du, wie der Satz „Was Jungs an Mädchen wirklich mögen …" weitergeht? Ich weiß es, aber was ist mit dir? Im Grunde genommen kennen viele Jungs die Antwort, auch wenn sie selber meinen, sie täten das nicht. Aber an ihren Handlungen, ihren Überzeugungen, ihren Freundschaften und Beziehungen kann man die Antwort ablesen. Das ist eine wirklich wichtige Angelegenheit, und ich verspreche dir, dass auch du sie verstehen wirst.

Ich möchte dir in diesem Buch verraten, was Jungs an Mädchen gefällt. Dabei ist es auch wichtig, darüber zu sprechen, was ihnen *nicht* gefällt. Vielleicht fragst du dich jetzt: *Warum ist das denn wichtig?* Ganz einfach: Wir haben ständig miteinander zu tun, und deshalb sollten wir lernen, uns ein bisschen besser zu verstehen. Machst du dir Gedanken über Jungs? Darüber, was sie mögen und nicht mögen, warum sie lustig sind und gleichzeitig verwirrend, eigensinnig und gleichzeitig sanftmütig? Na ja, wenn du dir dieses Buch gekauft hast, wird das wohl so sein. Falls du das Buch nur aus Versehen gekauft hast, dann beeil dich besser mit dem Umtauschen, vielleicht bekommst du ja noch dein Geld zurück. Und für alle anderen lautet die Antwort eindeutig „ja".

Am Anfang möchte ich dir ein paar Fragen stellen. Du kannst die Antworten unter die Fragen schreiben oder einfach nur ein paar Minuten darüber nachdenken.

◎ Warum sind manche Jungs hinter bestimmten Mädchen in deiner Klasse her, aber nicht hinter dir?

_____

◎ Warum denken manche Jungs nur an Sex, anstatt Mädchen einfach so zu mögen, wie sie sind?

_____

◎ Woran liegt es, dass manche Mädchen offenbar tolle Jungs anziehen, während andere Mädchen vor allem respektlose Jungs anziehen, die sich wie Idioten benehmen?

_____

◎ Warum werden einige Mädchen überhaupt gar nicht von Jungs beachtet?

_____

◎ Was meinst du, ziehst du eher nette oder böse Jungs an?

_____

◉ Was sind deiner Meinung nach die fünf Punkte, die Jungs bei Mädchen am anziehendsten finden?

_____

◉ Sind diese fünf Punkte positiv oder negativ? Vernünftig oder unvernünftig?

_____

◉ Bist du dir im Klaren darüber, welche Art von Jungs du anziehst? Ist das bloßer Zufall oder gibt es dafür bestimmte Gründe?

_____

Wenn du dir über solche Fragen Gedanken machst, dann habe ich eine gute Nachricht für dich: Das ist ganz normal! Das Leben eines Jugendlichen kann ganz schön stressig sein: die Schule, Freunde treffen, dein soziales Umfeld, Sport, Hobbys, deine Eltern und Geschwister, 3.000 SMS pro Monat, Schlafmangel, das Lesen dieses Buches und was man sonst eben noch so zu tun hat. Es kostet einiges an Anstrengung, das andere Geschlecht zu verstehen. Aber du kannst das schaffen. Du kannst dich sowieso nicht davor verstecken. Denn mit den Hausaufgaben ist es irgendwann vorbei, aber mit Beziehungen wirst du immer zu tun haben. Stell dir einfach vor, du würdest deine Hausaufgaben immer pünktlich machen – nicht, dass ich das jemals gemacht hätte. Aber keine Angst, mehr über Jungs und Mädchen zu lernen macht deutlich mehr Spaß, als für einen Erdkundetest zu büffeln. Es ist nämlich eine tolle und aufbauende Sache, wenn einige Phänomene so langsam einen Sinn ergeben, die dir bislang noch seltsam erscheinen. Ich hoffe, dass auch du diese Erfahrung machst.

Unsicherheit[1]

Meine Verwandten sagen mir, ich soll mich wie eine Dame benehmen.
Ich darf nicht
Fluchen
Leute schubsen
Zerrissene Jeans tragen
Mir die Haare ganz kurz schneiden lassen
(nicht, dass ich das möchte).
Ich soll
Kleider tragen
Tee trinken, aber mit nur einem Stück Würfelzucker
Nähen
Kochen
Mich ordentlich benehmen.
Einige meiner Freunde sagen mir, ich soll mich
wie ein Mädchen benehmen.
Ich darf nicht
Meine Feinde verprügeln
Zusammen mit Jungs essen (ohne gehänselt zu werden).
Ich soll
Kichern, wenn ein Junge mit mir spricht
Verrückt nach Jungs sein
Über Jungs reden, nicht über Pferde

Salat essen, um meine schlanke Figur zu behalten. (Hallo?)
Warum kann ich nicht einfach
Ich sein?

Cathy Holland, 8. Klasse

Am besten erkläre ich dir erst mal, was dieses Buch *nicht* ist: Es ist kein Ratgeberbuch à la „Wie mache ich Jungs auf mich aufmerksam?". Es enthält auch keine Listen zum Auswendiglernen, in denen aufgezählt wird, was Jungs an Mädchen mögen oder nicht mögen. (Für die Schule musst du sicher schon genug auswendig lernen, da will ich dir das gerne ersparen.) Du findest hier *keine* 338 Tipps, wie du schöner, attraktiver, geheimnisvoller, größer oder besser als andere Mädchen wirst. Die meisten Bücher oder Zeitschriftenartikel dieser Art wollen dir weismachen, dass du ein Spiel spielen musst, wenn du etwas vom anderen Geschlecht willst. „20 Tipps fürs bessere Flirten" oder „18,3 Wege, wie du jemanden mit deinem Wimpernaufschlag dazu bringst, sich in dich zu verlieben". Im richtigen Leben kann man damit nichts anfangen. Denn dabei geht es nie um wirkliche Werte. Du erfährst in solchen Büchern nichts darüber, wie eine gute Freundschaft entsteht. Sie verraten dir nicht, worauf es wirklich ankommt, wenn du mit einem Jungen zusammen bist. Sie interessieren sich nicht dafür, stabile Beziehungen und gegenseitiges Verständnis aufzubauen. Auf lange Sicht bewahrheiten sie sich auch nie.

Ich verrate dir sogar, was *ich* nicht bin. Manche Leute halten mich zwar für einen Experten für Jugendkultur, aber ich weiß auch nicht alles. Auf schwierige Fragen gibt es meistens nicht nur eine Antwort, genauso wenig wie es eine Betriebsanleitung für gute Beziehungen gibt. So was ist kompliziert.

Aber es macht auch eine Menge Spaß. Ich verbringe viel Zeit damit, Beziehungen zwischen Jugendlichen zu beobachten, zu analysieren und zu verstehen. Ich kann dir versichern, dass ich ziemlich viel über Teens weiß, denn zum einen reden Jugendliche gerne und ich stelle gerne Fragen, und zum anderen wühle ich mich gerne durch Forschungsergebnisse.

Jungs und Mädchen sind verschieden, und je besser wir diese Unterschiede verstehen, desto zufriedener und vernünftiger werden wir sein und bessere Freundschaften und Beziehungen haben. Und desto genauer werden wir wissen, was wir in unseren Beziehungen wollen und was nicht. Wir werden nicht nur mit dem anderen Geschlecht besser zurechtkommen, sondern mit dem Leben ganz allgemein.

Glaubst du echt?[2]

Glaubst du echt
Dass eine Frau zu sein bedeutet
Schön, sexy und smart zu sein?
Mit dem eigenen Körper anzugeben
Mit den Jungs zu flirten
Wimperntusche aufzutragen
Damit man die schönen Augen nicht sieht
Wenn sie mit ihrem reichen Freund herumfährt?

Das ist alles schön und gut.
Aber willst du uns damit beeindrucken?
Dann musst du dich ein bisschen mehr anstrengen.

Ein Schüler/eine Schülerin aus Massachusetts

In diesem Buch geht es darum zu verstehen, dass alle Aspekte deines Lebens auch deine Beziehungen beeinflussen. Deshalb handelt das Buch nur zum Teil von Jungs, vor allem geht es nämlich um dich. Es geht darum zu verstehen, wer du bist und zu wem du gehörst. Es geht darum, zu verstehen und zu glauben, dass du sehr wertvoll bist, weil Gott dich geschaffen hat. Er liebt dich, und weil er dich liebt, kannst du andere lieben. Gott möchte auch, dass wir einander verstehen und uns aneinander erfreuen. Davon bin ich überzeugt.

Wenn dir von alldem irgendwas interessant oder wichtig erscheint, dann lies weiter. Ich hoffe, dass ich dir ein bisschen zeigen kann, was im Herzen und im Kopf eines Jungen vorgeht, damit du uns Jungs besser verstehst – und auch deine eigene Rolle in einer Beziehung mit einem Jungen. Na, was meinst du? Klingt das spannend genug? Dann mach dich bereit für deine Reise in die interessante, lustige, alberne, verblüffende, gut riechende und manchmal auch nicht so gut riechende, ganz und gar einzigartige Welt der Jungs.

Kapitel 1

Glückwunsch, du bist ein Mädchen!

Du möchtest wissen, was es mit dem Titel dieses Buches auf sich hat? Wir wär's damit: Was Jungs an Mädchen wirklich mögen: dass sie *Mädchen* sind.

Ja, das ist es. Eigentlich ganz einfach. Du bist doch ein Mädchen, oder? Wenn du das hier gerade liest, ist die Wahrscheinlichkeit ziemlich hoch, dass du ein Mädchen bist. Wenn nicht – na, dann kann ich dir auch nicht helfen. Aber wenn du ein Mädchen bist, dann lies weiter.

Dir ist das vielleicht nicht bewusst, aber du lebst mit einem ganz bestimmten genetischen Merkmal: Du bist ein *Mädchen*. Herzlichen Glückwunsch! Du lebst nicht nur einfach so, sondern du wurdest als Mädchen geboren. Deshalb werden Jungs dich mögen. Deshalb hätte das Buch auch einen viel einfacheren Titel haben können: Jungs mögen Mädchen. Punkt.

Chad: Hey, Ryan, magst du Mädchen?
Ryan: Äh ... ja klar, was ist denn das für 'ne Frage?
Chad: Warum magst du sie?
Ryan: Keine Ahnung, Alter, sie sind halt Mädchen. Warum

sollte ich sie nicht mögen? Sie sind eben Mädchen. Ich mag
Mädchen, klar?

Mal im Ernst: Darauf läuft es am Ende hinaus. Viel mehr braucht es nicht in dieser Gleichung. Du bist ein Mädchen, oder? Super, dann hast du das Wichtigste schon mal geschafft – und auch das Schwierigste. Jetzt gibt es noch bestimmte Eigenschaften, die dich mehr oder weniger attraktiv in den Augen bestimmter Jungs erscheinen lassen. Und zwar Eigenschaften und Verhaltensweisen, die manche Jungs anziehen und andere abstoßen. Das Alter spielt bei dieser Jungs-Mädchen-Geschichte natürlich auch eine gewisse Rolle. Aber im Moment ist erst mal nur eines wichtig: Halt mal kurz inne und freu dich darüber, dass wir schon füreinander geschaffen sind. Damit meine ich, dass Gott uns als Jungs und Mädchen geschaffen hat, denen noch etwas fehlt, wenn sie allein sind. Erst unsere Unterschiede machen uns zu vollständigen Persönlichkeiten.

Über das Attraktivsein, Verabredungen, Freunde und alle anderen romantischen Themen denken Mädchen viel intensiver nach als Jungs. Das ist nicht bei jedem Mädchen so, aber in der Regel fangen Mädchen schon in einem jüngeren Alter als Jungen an, über so etwas nachzudenken. Das liegt daran, dass eure Gehirne sich schneller entwickeln als unsere. Aber pssst: Sag keinem Jungen, dass ich das verraten habe!

Mädchengehirne sind so geschaffen, dass beide Gehirnhälften von klein auf miteinander verknüpft arbeiten. Ich meine damit das Multitasking, das Mädchen so toll beherrschen. Du telefonierst mit einer Freundin, während du deine Hausaufgaben machst, lackierst dir nebenbei die Fußnägel, kochst, suchst deine Klamotten für den nächsten Tag heraus und denkst außerdem noch darüber nach, was jemand heute total Süßes zu dir gesagt hat. Du weißt schon, was ich meine: Multitasking eben. Selbst wenn du meinst, du hättest dieses Talent nicht, wette ich mit dir, dass du darin immer noch viel besser bist als die meisten Jungs. Die machen das nämlich so: Sie denken an eine Sache, und danach denken sie erst an die nächste ...

Ein anderes Beispiel: Jungs sind nicht immer sehr zartfühlend und sanftmütig. Wenn es auf der Erde nur Jungs gäbe, ginge es ganz schön ruppig zu. Wir würden uns viel öfter schlagen, weniger sensibel sein usw. Ich sage es mal so: Manchmal kann uns ein Mädchen auf ganz natürliche Weise daran erinnern, dass wir sanft, respektvoll, sensibel und liebevoll miteinander umgehen sollen. Das ist fast so, als würde uns ein Mädchen an die Güte Gottes erinnern, ohne dass uns das wirklich bewusst wird.

Gott verfügt auch über diese unglaublich harte, raue, ungebändigte Kraft, die wir beobachten können, wenn Jungs miteinander im Dreck ringen. Aber er ist eben auch ein unglaublich zarter, einfühlsamer, gnädiger und besänftigender Gott – das sind alles Eigenschaften, die wir eher als feminin einschätzen. Ich übertreibe hier natürlich, also versteht mich nicht falsch: Ich meine nicht, dass Mädchen *nur* diese Eigenschaften besitzen oder dass Jungs *nur* Schlägereien im Kopf haben. Das sind lediglich ein paar Beispiele für die Unterschiede zwischen den Geschlechtern, über die du mal nachdenken kannst. Ich bin sicher, dass auch Mädchen manchmal miteinander im Dreck ringen. Wenn du ein solches Mädchen bist: umso besser!

Aber egal, was du magst oder nicht magst, wo deine Stärken und Schwächen liegen, ob du den Nachmittag lieber mit einem guten Buch verbringst, mit deinen Freundinnen abhängst oder Basketball spielst – oder meinetwegen auch all das –, am wichtigsten ist es, dass du dich so annimmst, wie Gott dich geschaffen hat. Was Jungs und Mädchen gleichermaßen am attraktivsten macht, sind Selbstvertrauen und Selbstannahme.

Aber das ist alles nicht so einfach. Was ist zum Beispiel, wenn du a) ein Mädchen bist und b) dich selbst magst und die Jungs dich trotzdem nicht beachten?

Den folgenden Brief habe ich von Kim bekommen:

Hallo Chad,

du bekommst sicher Tausende von E-Mails mit Fragen zum Thema „Beziehung". Ich habe auch eine Frage, na ja, eher ein Problem: Ich bin mit mir selbst im Reinen, habe gute moralische Maßstäbe, ich mag mich, wie ich bin, und habe nicht vor, mit zig Jungs befreundet zu sein. Ich bringe mich in der Schule ein, mache Sport, gehe in einen Jugendkreis und habe viele Freunde. Warum gibt es dann keine Jungs, die mich wirklich mögen? Ich habe einige „Kumpel" als Freunde, aber ich möchte gerne mehr als das. Ich will, dass Jungs sich für mich interessieren und sich von mir angezogen fühlen. Warum möchte niemand mit mir zusammen sein?

Eine ganz schön ehrliche Frage, oder? Die Antwort lautet: Die Jungs *mögen sie doch!* Ihr ist das nur noch nicht bewusst. Es kann schwierig sein, wenn sie dich nicht auf die Art mögen, die du gerne hättest – nämlich als Freundin und nicht nur als Kumpel. Es ist sicher nicht leicht für Kim, ihre Selbstachtung zu behalten und sich *nicht* auf Dummheiten einzulassen, um die Aufmerksamkeit der Jungs auf sich zu ziehen (du weißt schon, was ich meine). Vielleicht hat Kim eine Freundin, die nicht so viel Wert auf Selbstachtung legt und an der prompt eine ganze Reihe von Jungs interessiert sind. Wie kann das sein? Hier gilt mal wieder Klasse statt Masse. Kim versteht vielleicht nicht, dass sie jetzt zwar weniger Aufmerksamkeit von Jungs bekommt als ein Mädchen, das gerne und viel flirtet, dafür aber später vernünftigere Jungs anziehen wird. Sie kann natürlich nicht in die Zukunft sehen, aber ihre jetzigen Entscheidungen sorgen dafür, dass ihre Zukunft in besseren Bahnen verlaufen wird. Glaub mir: Ein vernünftiger Junge ist besser als hundert unvernünftige.

Deshalb: Betrachte das Thema „Beziehungen" mal auf lange Sicht. Und mach es uns Jungs in der Zwischenzeit ein wenig leichter. Das Leben ist schon schwer genug. Wir kämpfen mit der Pubertät. Kannst du dir vorstellen, wie das ist, wenn man jeden Moment damit rechnen muss, dass einem die Stimme versagt? Vorzugsweise gerade dann, wenn man vor der versammelten Klasse oder mit einem Mädchen spricht, das man nett findet? Schön ist das jedenfalls nicht. Wir Jungs müssen erst mal uns selber verstehen, und das kann ganz schön schwierig sein.

Dazu gehört auch, dass wir Jungs selber erst herausfinden müssen, was uns an Mädchen eigentlich gefällt. Deshalb nimm dir jetzt ein wenig Zeit für einen Test, mit dem du etwas über deine Eigenschaften erfährst. Danach verrate ich dir ein paar von meinen besten Eigenschaften (meiner Meinung nach) – diese sind natürlich nur als Beispiel zu verstehen. Anschließend kannst du dann deine aufschreiben.

Eigenschaftstest

1. Welche der folgenden Tätigkeiten beschreibt am ehesten, was du in der Freizeit mit deinen Freundinnen unternimmst?
a) Du achtest darauf, dass jeder etwas zu trinken und zu essen hat und niemand außen vor bleibt.
b) Du führst intensive Gespräche mit ausgewählten Freundinnen unter vier Augen.
c) Du unterhältst die Gruppe mit deinem letzten verrückten Erlebnis.

2. Nach einem anstrengenden Prüfungstag in der Schule entspannst du dich am besten, indem du ...
a) dich nach der langen Sitzerei in der Schule sportlich betätigst, z. B. mit Joggen oder Gymnastik.
b) dir einen Film oder eine Fernsehserie anschaust, die du während deiner Lernphase für die Prüfung aufgenommen hast.
c) dich kreativ austobst – du schreibst in dein Tagebuch, machst ein paar coole Fotos oder räumst dein Zimmer um.

3. Welche der folgenden Kategorien passt am besten zu deinen Stärken?
a) Geschicklichkeit (z. B. Einradfahren oder Bogenschießen)
b) Intelligenz (z. B. Computerprogramme schreiben)
c) Kreativität (z. B. verrückte Tiere zeichnen)

Jetzt zähle deine Punkte zusammen:
Für a) gibt es jeweils 3 Punkte, für b) 2 und für c) 1.

Dein Ergebnis:

8–9 Punkte:
- Du nimmst gerne Mühen auf dich, damit deine Freundinnen wissen, dass sie dir am Herzen liegen.
- Du bist ein bisschen wie König Julian in dem Kinofilm *Madagascar* und dessen Song „I like to move, move it". Soll heißen: Du achtest auf deinen Körper und bist auch geistig in guter Verfassung.
- Du bist diszipliniert und entschlossen.

5–7 Punkte:
- Du kannst gut zuhören und die Leute reden gerne mit dir.
- Du bist meistens recht entspannt und deswegen fühlen sich auch die Menschen in deiner Gegenwart wohl.
- Du bist mit reichlich Gehirnzellen gesegnet.

3–4 Punkte:
- Du bist sehr gesellig und die Leute hängen einfach gerne mit dir ab.
- Du drückst dich sehr gerne kreativ aus.
- Die Welt um dich herum inspiriert dich immer wieder neu.

Zum Vergleich mal meine Eigenschaften
(nicht alle, aber die wichtigsten):

- Ich bin noch nie im Daumenringen geschlagen
  worden.
- Ich kann perfekt rückwärts einparken.
- Mir macht es Spaß, interessante Erklärungen zu
  finden (z. B. für Beziehungen).
- Ich bin der geborene Forscher und Entdecker. Ich
  schlafe gerne im Wald oder an fremden Orten.
- Ich nehme gerne jede Mühe auf mich, um für
  meine Familie und meine Freunde da zu sein.
- Teamarbeit kann ich gut.
- Man kann sich auf mich verlassen.
- Ich kann mit bloßen Händen einen Fisch fangen.
  (Na ja, bisher ist mir das nur einmal geglückt, aber
  ich weiß, wie's geht.)

Wie lauten deine besten Eigenschaften? Es ist wichtig, dass du
dir darüber klar wirst und dich mit diesen Seiten an dir wohlfühlst. Also, was ist das Tolle an dir?

Meine Eigenschaften:

_____

_____

_____

_____

_____

_____

_____

Mal von all diesen wunderbaren, tollen Seiten an dir abgesehen – es gibt noch etwas an dir, das Jungs gefällt: Du bist ein Mädchen. Deshalb danke, dass du jeden Morgen aus deinem Bett aufstehst und einfach ein Mädchen bist. Jungs wissen das zu schätzen, das darfst du nie vergessen. Denn das ist eine Eigenschaft, die immer auf Jungs attraktiv wirken wird. Es liegt an dir, das zu verstehen und als etwas Positives zu sehen. Werden dich alle Jungs mögen? Hoffentlich nicht. Es gibt schon zu viele Teenie-Mädchen, die nichts lieber wollen als eine ganze Herde von Verehrern. Und „Herde" habe ich absichtlich gesagt. Worauf es ankommt, ist aber nicht, überhaupt Jungs anzuziehen, sondern gute, vernünftige Jungs. Das ist ein riesiger Unterschied.

Bist du gerne ein Mädchen? (Bitte ankreuzen!)

O   Ja
O   Nein
O   Vielleicht

Wenn du „Ja" angekreuzt hast, dann mach jetzt mit dem nächsten Kapitel weiter. Wenn du „Nein" oder „Vielleicht" angekreuzt hast – hm, dann stimmt hier irgendwas nicht.

Kapitel 2

Von Jeanshosen und Selbstwertgefühlen

Schreckliche Weihnachtsgeschenke

Ich sehe aus wie ein Baby. Ich liege wie ein kleines Kind auf dem Boden und strample mit den Beinen in der Luft herum, als ob ich ernste Probleme hätte. Da stimmt wirklich etwas nicht mit mir. Genauer genommen stimmt das, was ich an den Beinen trage, nicht. Ich hatte gerade eine superschicke Jeans zu Weihnachten bekommen. Irgendwie neige ich dazu, mir immer genau die falschen Jeans auszusuchen, die meistens viel zu weit sind und mich dick aussehen lassen. Oh Mann, habe ich gerade gesagt, dass ich dick aussehe? Wie auch immer, ich hatte also diese coole Jeans geschenkt bekommen. Und jetzt liege ich hier und strample in der Luft herum. Ich hasse diese Jeans. Versteh mich nicht falsch, ich freue mich über das Geschenk, aber ich mag diese Jeans einfach nicht. Sie ist zwar von erstklassiger Qualität und brandneu, aber ich würde sie lieber verbrennen als anzuziehen. Und das bringt mich zu einer sehr wichtigen Frage, die ich dir stellen möchte.

Hast du eine Lieblingsjeans? Ich schon. Ich liebe meine Lieblingsjeans so sehr, wie ich Hundewelpen liebe, und das will was heißen. Sie ist einfach total bequem. Ich weiß genau, wie sie sich anfühlt. Ich weiß, wie ich mit ihr aussehe, und ich fühle mich sofort richtig entspannt, wenn ich sie anhabe. Wenn ich verreise, muss sie auf jeden Fall mit. Wenn ich mal nicht weiß, was ich anziehen soll, ziehe ich diese Jeans an – also zu 99,9 Prozent der Zeit. Und natürlich ist sie perfekt, wenn ich nur schnell irgendwas anziehen muss und etwas erledigen will.

Hast du auch etwas, das dir so sehr am Herzen liegt? Vielleicht ist es bei dir ein Kissen, ein Sweatshirt, eine Haarbürste oder ein bestimmtes Essen. Hast du dich schon mal gefragt, warum du gerade an diesen Dingen so hängst? Auf Seite 27 findest du Platz, um einige deiner Lieblingssachen aufzuschreiben – du kannst auch den Grund nennen, warum sie deine Lieblingssachen sind. Aber zuerst kommt meine Liste. (Findest du nicht auch, dass das wie Teamarbeit ist, obwohl ich gar nicht wirklich da bin?)

Chads Lieblingssachen (mit Begründung)

1. Meine Jeans: Ich weiß genau, wo sich alle Taschen befinden und wie viele Fussel in ihnen versteckt sind.
2. Mein Kapuzenpulli mit Reißverschluss: Er hält mich warm und ist gemütlich, gleichzeitig fühle ich mich in ihm wie ein richtiger Kerl. Ich ziehe ihn nach dem Surfen über oder wenn ich mich einfach lässig und

entspannt fühlen möchte. Sweatshirts sind einfach cool, was soll man da noch sagen.

3. Mein Rucksack: Da passt alles rein, was ich brauche: etwas zu essen, Bücher, mein Laptop, ein Ersatzhemd und sogar kleine Hunde.

Die Gründe, warum ich meine Lieblingssachen so sehr mag, lassen sich so zusammenfassen:

◎ Sie sind mir vertraut.
◎ Ich kann sie fast überall mit hinnehmen.
◎ Sie sind einfach bequem und unkompliziert.

Jetzt bist du dran.

Meine Lieblingssachen

_____

_____

_____

_____

_____

_____

_____

Jeanshosen und Beziehungen

Es klingt komisch, aber deine Jeans kann dir dabei helfen, Beziehungen besser zu verstehen. Man könnte auch sagen: Beziehungen sind ganz ähnlich wie Jeanshosen. Zum einen können sie neu und unbequem sein, vielleicht passen sie auch einfach nicht. Zum anderen hoffen wir, dass sie uns eines Tages richtig gut gefallen, dass wir uns mit ihnen entspannen können, dass wir sie in- und auswendig kennen. Und was das Wichtigste ist: Wir hoffen, dass wir uns mit ihnen wohlfühlen.

Einige meiner Freunde erinnern mich an eine gute alte, bequeme Jeans. Und das Tolle an einer alten Jeans ist, wie lange sie schon hält. In der Schule hatte ich einen Kreis von guten Freunden. Mit das Beste an ihnen war, dass wir uns zusammen immer total entspannt gefühlt haben. Mal im Ernst: Bist du lieber mit Leuten zusammen, bei denen du dich total verkrampfst, oder mit Leuten, in deren Gegenwart du dich locker fühlst? Blöde Frage, oder?

Kann man aus diesem Beziehungen-Jeanshosen-Vergleich irgendwas lernen? Auf jeden Fall! Alle Sachen, die ich wirklich liebe, sind bequem. Aber deine Lieblingsjeans ist nicht vom ersten Tag an deine Lieblingsjeans. Jeans geben mit der Zeit ein bisschen nach und passen sich an, und so ist das auch mit Freundschaften und Beziehungen. Jungen (die normalen und vernünftigen) verstehen das und wissen es zu schätzen. Jungs mögen Mädchen, in deren Gegenwart sie sich wohlfühlen und die mit dem zufrieden sind, was sie sind.

Wenn du also Jungs magst – und das tust du bestimmt –, dann solltest du dieses eigentlich ganz einfache Jungengeheimnis kennen: Wir haben's gern bequem. Wenn du also eine Antwort auf den Satz „Was Jungs an Mädchen wirklich mögen" haben möchtest, dann denk daran, dass Jungen es mögen, wenn etwas – seien es Jeans oder Mädchen – bequem ist. Es soll ihnen keine Angst machen und sie wollen auch nicht unter Druck gesetzt werden.

Nehmen wir zum Beispiel Ashley und Mark. Ashley war ziemlich in Mark verknallt, der in der Fußballmannschaft ihrer Schule spielte. Er war eine Klasse über ihr, aber sie hatten viele gemeinsame Freunde und waren bei den meisten in der Schule recht beliebt. Eines Tages bezahlte Ashley gerade ihr Mittagessen in der Cafeteria, als sie hinter sich eine Stimme hörte: „Hallo, Ashley!" Sie wirbelte herum und sah Mark mit einem Grinsen auf sie zukommen. Sie unterhielten sich ein bisschen, und am Ende fragte Mark, ob Ashley nicht später mit ihm und ein paar Freunden an den Strand gehen wolle.

In dieser Situation gab es für Ashley ganz verschiedene Möglichkeiten zu reagieren. Wir wollen uns mal zwei Varianten genauer anschauen:

1. Als Ashley sich gerade mit dem Gedanken anfreundete, tatsächlich mit Mark und seinen Freunden an den Strand zu gehen, fiel ihr ein, dass Mark oft etwas mit einigen der hübschesten und beliebtesten Mädchen der Schule unternahm. Manche davon sahen aus, als wären sie einem Modemagazin entsprungen. Die meisten von ihnen redeten fast nur über die neuesten Modetrends und wer jetzt mit wem zusammen war. Wenn das die Mädchen waren, die Mark interessierten, dann sollte auch Ashley am besten mal die Modemagazine studieren. Nach vielen Stunden hatte sie ein Outfit zusammengestellt, das sie normalerweise nie tragen würde, aber das genau dem Stil der anderen Mädchen entsprach. Und das war nicht das Einzige, was ihr nicht so richtig gefiel. Während der gan-

zen Zeit mit Marks Freunden hatte sie über Witze gelacht, die sie nicht lustig fand, sich an Klatsch und Tratsch beteiligt und so getan, als interessiere sie sich für so langweilige Dinge wie Fußball und Computerspiele.

2. Als Ashley sich gerade mit dem Gedanken anfreundete, tatsächlich mit Mark und seinen Freunden an den Strand zu gehen, fiel ihr ein, dass Mark oft etwas mit einigen der hübschesten und beliebtesten Mädchen der Schule unternahm. Sie sagte sich, dass Mark offenbar von dieser Art Mädchen angezogen wurde, aber trotzdem *sie* gefragt hatte, ob sie mitkommen wolle. Sie beschloss, sich einfach etwas Bequemes anzuziehen, das zu ihrem eigenen Stil passte. Sie nahm sich außerdem vor, ganz sie selbst zu sein. Sie hatten eine tolle Zeit zusammen. Mit ein paar von seinen Freunden verstand sie sich nicht so gut, aber sie erkannte, dass viele von ihnen gerne mit ihr zusammen waren, ihre Einstellungen und Meinungen respecticrten, auch wenn sie nicht gerade ein großer Fußballfan war. Und wer hätte gedacht, dass Mark sich wie sie für Kunst interessierte? Jetzt wusste Ashley es. Er kannte sich noch nicht sehr gut mit Kunst aus, aber als er von seinem Interesse erzählte, hatten sie jede Menge Gesprächsstoff. Stundenlang diskutierte Ashley mit ihm die Grundlagen der Kunst und hatte dabei Marks volle Aufmerksamkeit. Sie blieb bei alldem ganz natürlich, war entspannt und dachte daran, einfach sie selbst zu sein.

Stimmst du mir zu, dass die zweite Version die bessere ist? Ich hoffe es. Und doch ist die Wahrscheinlichkeit sehr hoch, dass sich sehr viele Mädchen eher so verhalten würden wie Ashley in der ersten Version.

Was ist der größte Unterschied zwischen den beiden Varianten? Unterm Strich fühlte sich in der ersten Version alles gezwungen und unangenehm an, und Ashley hatte nicht das Gefühl, einen besonderen Eindruck auf Mark gemacht zu haben, obwohl sie sich alle Mühe gab. Schlimmer noch, Mark wirkte fast schon enttäuscht von ihr. Und wir sollten nicht vergessen, dass er *sie* eingeladen hat und er offenkundig an ihr interessiert war. Aber irgendwie ging alles schief. Das geschah ab dem Moment, als Ashley sich dafür entschied, sich so zu verhalten, wie sie dachte, dass es ihm gefiele – und nicht so, wie sie nun mal ist.

In der anderen Version konzentrierte sich Ashley darauf, sich selbst so anzunehmen, wie sie ist, und das zahlte sich aus. Mark gefiel, dass sie Flipflops trug, eine künstlerische Ader hatte und sich in den vergangenen vier Sommern in einem Obdachlosenheim engagiert hatte. Sein anfängliches Interesse verstärkte sich noch, denn er spürte, dass an ihr etwas anders war: Sie fühlte sich wohl, und zwar so, wie sie war.

Selbst wenn sie nicht unbedingt an einer Beziehung interessiert sind, respektieren vernünftige Jungs solche Mädchen, die keine Angst davor haben, einfach sie selbst zu sein.

Hier, Alter, du kannst meine Jeans haben

Neulich habe ich ein kleines Experiment mit meiner Lieblingsjeans gestartet. Ich dachte mir: Wenn ich sie schon so liebe, dann sollte ich vielleicht andere an dieser Liebe teilhaben lassen. Deshalb beschloss ich, meinem guten Freund Andrew ein Geschenk zu machen: meine Jeans. Ich packte sie in Geschenkpapier ein und gab sie ihm. Voller Vorfreude sah ich zu, wie Andrew sie auspackte. Zuerst riss er das ohnehin nicht sehr ordentlich geklebte Geschenkpapier auf, dann öffnete er den alten Schuhkarton, in den ich die Jeans gelegt hatte. Er holte sie aus dem Karton und starrte sie einfach nur an.

Ich sagte: „Cool, oder? Ich schenk dir meine Lieblingsjeans. Ist die nicht super? Jetzt kannst du sie tragen."

Zu meiner Überraschung freute sich Andrew nicht sehr über mein Geschenk. Vielleicht lag es daran, dass er gar nicht Geburtstag hatte? Er hatte mich ja auch nicht um die Jeans gebeten oder mal erwähnt, dass sie ihm gefiel. Jedenfalls guckte er mich etwa acht Sekunden lang sprachlos an und sagte dann: „Alter, du bist echt schräg."

Hä? Wie um alles in der Welt konnte er so ein tolles Geschenk ablehnen? Aus diesem kleinen Experiment konnte ich lernen: Meine Lieblingsjeans ist *meine* Lieblingsjeans, nicht die eines anderen. Was würde passieren, wenn du eine deiner Lieblingssachen jemand anderem schenken würdest, z. B. einem Fremden? Selbst wenn ihm der Gegenstand gefiele, ist die Wahrscheinlichkeit sehr gering, dass er ihn genauso schätzen würde wie du. Der Grund dafür ist: Meistens haben die Dinge nur deshalb Wert, weil wir ihnen einen Wert geben. Das nennt man den sentimentalen Wert. Ein großes Wort mit einer einfachen Bedeutung: Irgendwann hast du beschlossen, dass deine Lieblingsjeans dir etwas bedeutet, weil du sie nämlich zu schätzen gelernt und ihren Wert erkannt hast.

Das bringt mich zu einem anderen Aspekt in Sachen Beziehungen. Kommt dir Tiffanys Problem bekannt vor?

Seit kurzem habe ich das Gefühl, dass ich mich selbst nicht mehr kenne. Meine Freundin Shannon kam immer gut mit Jungs klar und wurde regelrecht umschwärmt, also hab ich angefangen, mich ähnlich zu verhalten wie sie. Ich hab mir gedacht, wenn ich mich wie sie anziehe und wie sie benehme, dann würden die Jungs mich genauso mögen wie sie. Jetzt komme ich mir wie eine Betrügerin vor, Chad. Manchmal weiß ich selbst nicht mehr, wie ich mich verhalten soll, und das bringt mich ganz durcheinander. Ich weiß noch, wie meine frühere beste Freundin Lisa und ich uns geschworen haben, niemals Cheerleader zu werden, und jetzt bin ich schon im zweiten Jahr mit dabei, und auch fast alle meine Freundinnen sind Cheerleader. Ich habe mich dabei ertappt, wie ich hinter ihrem Rücken über andere tratsche, und ich hasse mich selbst deswegen. Und seit wann habe ich diese komische Frisur und trage diese Klamotten? Wer bin ich eigentlich? Ich möchte da wieder raus. Ich bin total verwirrt.

Tiffany

Ist dir so jemand schon mal begegnet? Vielleicht ist es dir selbst schon mal so ergangen. Wir versuchen, jemand zu sein, der wir nicht sind. Manchmal fühlen wir uns in unserer Haut nicht wohl, deswegen probieren wir aus, in die Haut eines anderen zu schlüpfen. Das scheint heutzutage bei Jugendlichen an der Tagesordnung zu sein. Du glaubst gar nicht, wie oft ich solche Geschichten wie die von Tiffany schon gehört habe. Deshalb mach dich nicht mit Selbstvorwürfen fertig, wenn du damit schon Erfahrung hast, und denk nicht, dass dich keiner versteht. Die meisten Leute kennen so was. Aber es gibt da etwas, das du wissen solltest.

Du bist wichtig

Du hast schon einen Wert. Du bist wertvoll. Ich weiß nicht, ob dir das noch nie jemand gesagt hat oder ob du's vielleicht einfach wieder vergessen hast, deshalb lies den folgenden Satz einfach mal laut: „Ich habe schon einen Wert! Ich bin wertvoll!" Ich glaube nicht, dass du nur aus Zufall auf der Welt bist. Ich glaube auch nicht, dass Jesus verrückt war. Ich glaube, dass er uns die Wahrheit erzählt hat, als er sagte, dass er uns liebt und das Beste für uns will. Ich glaube, dass Gott uns erschaffen hat. Das bedeutet auch, dass er uns schon vor unserer Geburt, im Moment unserer Geburt und jede Sekunde unseres Lebens bis zu diesem Moment jetzt gerade einen Wert beimisst.

Ich denke, dass wir für Gott wie eine Lieblingsjeans sind. So drücke *ich* das jedenfalls aus, nicht Gott, aber ich glaube, dass das trotzdem stimmt. Es ist wie mit einer Lieblingsjeans: Je länger wir sie haben, desto mehr lieben wir sie, weil wir uns in ihr wohlfühlen und ganz wir selbst sein können. Gott wünscht sich sehr, dass wir tatsächlich wir selbst sind und verstehen, dass wir wertvoll sind, weil wir in seinen Augen einen Wert haben. Er möchte, dass uns unsere eigene Jeanshose passt. Diamanten, Rosen und Jeans sind wertvoll, weil wir das so beschlossen haben. Und Gott hat beschlossen, dass wir wertvoll sind. Es liegt an uns, ob wir diese Wahrheit akzeptieren.

Wenn du eine Lieblingsjeans hast, dann kennst du die Freude darüber, dass sich etwas ganz normal und selbstverständlich anfühlt, eben wie ein Teil von dir. Ich hoffe, dass du die Parallele zu deinem eigenen Leben erkennst. Je mehr du dich selbst so annehmen kannst, wie du bist, desto mehr kannst du die Person annehmen, als die Gott dich erschaffen hat. Außerdem: Je wohler du dich in deiner eigenen Haut fühlst und je sicherer du weißt, wer du *nicht* bist, desto besser passt du in deine eigene Jeans und desto klarer wird dein Blick auf andere Sachen, Menschen und Beziehungen.

Dabei geht es um viel mehr als nur um Jungs. Es ist eine einfache Tatsache: Wenn wir die eine Hälfte einer angenehmen Beziehung bilden wollen, müssen wir zunächst mit uns selbst klarkommen. Die Menschen verbringen ihr ganzes Leben damit, so zu sein wie andere – sie versuchen, ihre Persönlichkeit, ihr Aussehen und ihre Einstellungen zu verändern –, obwohl gerade das uns überhaupt nicht weiterhilft. Eine viel größere Hilfe ist es, unseren Wert zu erkennen, den Gott uns gegeben hat, und uns dessen Einzigartigkeit immer wieder bewusst zu machen.

So etwas liebt Gott. Er liebt es, wenn du wirklich du bist. Du sollst nicht jemand anderes sein. Je früher du dich in deiner Jeans wohlfühlst, desto eher kannst du dich selbst annehmen und bist bereit für eine Beziehung mit einem anderen Menschen.

Jetzt bist du dran!

- Wenn du noch keine Lieblingsjeans, kein perfektes Sweatshirt oder dergleichen hast, dann mach dich gleich auf die Suche. Du verdienst es!
- Wenn du mit deinen Freundinnen ausgehst, dann mach dir mindestens einmal keinen Kopf darüber, was du anziehen sollst. Zieh einfach deine Lieblingsjeans und eine bequeme Bluse an und bind dir die Haare zu einem Pferdeschwanz. Wenn du richtig

mutig bist, dann verzichte aufs Make-up. Jungs mögen sowieso lieber Mädchen, die es mit dem Schminken nicht übertreiben. Aber was das Wichtigste ist: Du wirst dich gut fühlen und kannst einfach du selbst sein.

- Ruf eine Freundin an und joggt zusammen oder macht irgendeinen anderen Sport. Du wirst dich blendend mit ihr über Jungs unterhalten, und dein Körper hat auch etwas davon.
- Versuch mal, eine Woche lang nicht in Mode- oder Frauenzeitschriften zu lesen. Überprüfe dann nach einer Woche, ob das eine Auswirkung auf dein Selbstwertgefühl hat. Du wirst vielleicht ganz schön überrascht sein.
- Mach eine Liste mit all den Sachen, mit denen du dich wohlfühlst. Wenn du das nächste Mal Stress hast, dann beschäftige dich mit diesen Sachen.

Trage deine Jeans

Vergleiche niemals deine Jeans mit denen der anderen. Das wird dich nur durcheinanderbringen, denn du wirst dann keinen Blick mehr für die einzigartige Person haben, als die Gott dich erschaffen hat. Ich rate Jugendlichen immer damit aufzuhören, in den Spiegel eines anderen zu gucken. Wenn du in den Spiegel eines anderen schaust, siehst du dein Bild immer nur schief. Du hast deinen eigenen Spiegel, direkt vor deiner Nase. Nimm dir die Zeit, dich einmal mit ganz neuen Augen zu sehen. Stell dir vor, wie Gott dich sieht.

Kannst du dich so annehmen, wie du bist?

1. Wenn die Jungs dich in dieser Hinsicht bewerten könnten, welchen Wert auf einer Skala von 1 bis 10 bekämst du wohl?
   a) > 5: Jungs reden gerne mit dir.
   b) 5: Es scheint ihnen nichts auszumachen, mit dir abzuhängen.
   c) < 5: Du hast den Eindruck, dass Jungs dir aus dem Weg gehen.

2. Es ist Samstagmorgen, deine Eltern sind im Garten beschäftigt. Außer dir ist niemand im Haus und plötzlich klingelt es an der Tür. Was machst du?
   a) Du bleibst im Bett liegen (hey, es ist Samstagmorgen!).
   b) Du ziehst dir schnell ein Sweatshirt über und öffnest die Tür.
   c) Du wirfst einen Blick aus dem Fenster, bevor du die Tür öffnest, um sicherzugehen, dass es niemand ist, den du kennst.

3. Wie „authentisch" bist du? Wie viel von dem, was du in der Öffentlichkeit von dir zeigst, entspricht deinem wahren Ich?
   a) 100 %. (Du bist immer dieselbe: zu Hause, in der Schule und sogar beim Shoppen.)
   b) Mehr als 50 %. (Du verhältst dich zu Hause ein bisschen anders als mit deinen Freundinnen. So machen das ja wohl alle.)

c) Weniger als 50 %. (Deine Eltern würden dich nicht wiedererkennen, wenn sie dir zufällig begegneten, während du mit deinen Freundinnen zusammen bist.)

Jetzt zähle deine Punkte zusammen:
Für a) gibt es jeweils 3 Punkte, für b) 2 und für c) 1.

Dein Ergebnis:

8–9 Punkte:
Du kannst dich so annehmen, wie du bist. Was andere von dir denken, macht dich nicht verrückt. In den meisten Situationen bleibst du dir treu.

5–7 Punkte:
Du kannst dich nicht immer so annehmen, wie du bist. Du fühlst dich ein bisschen unsicher und passt dein Verhalten und dein Aussehen manchmal anderen an, um es ihnen recht zu machen und dich sicherer zu fühlen.

3–4 Punkte:
Du kannst dich nicht so annehmen, wie du bist. Du hast ständig das Gefühl, dass du dich anstrengen musst, um dazuzugehören und anderen zu gefallen. Das geht so weit, dass du selber nicht mehr genau weißt, wer du eigentlich bist.

Kapitel 3

Erste (Tanz-) Schritte in Sachen Beziehungen

Ich habe mal mit Freunden einen Tanzkurs gemacht. Auch in der Schule habe ich an der Tanz-AG teilgenommen. Ich habe die Standardtänze gelernt, die die Leute in den alten Filmen früher können mussten, wenn sie auf eine angesagte Party gingen. Und weißt du was? Diese Tänze sind gar nicht so einfach, und ich habe mich nicht sehr geschickt dabei angestellt. Beim Tanzen wirke ich immer ein wenig steif und unbeholfen, und mittlerweile weiß ich, dass Anmut nicht zu meinen Eigenschaften gehört. Außerdem habe ich herausgefunden, dass man vom Tanzen eine Menge über die Beziehungen zwischen Jungs und Mädchen lernen kann, denn:

◉ Man braucht in der Regel einen Jungen und ein Mädchen.
◉ Man braucht viel Geduld, um die Schritte zu lernen und zu üben.
◉ Meistens führt einer der beiden, damit das Ganze auch funktioniert.

◎ Am Anfang ist es schwer, aber nach einer Weile läuft es ganz gut.

◎ Beide bewegen sich gemeinsam, aber auch jeder für sich.

◎ Die Leute mögen es nicht, wenn man ihnen auf die Füße tritt.

Tanzt du gerne? Blöde Frage, du bist schließlich ein Mädchen. Wenn ich den Mädchen, vor denen ich spreche, diese Frage stelle, sind sie meistens gleich ganz aus dem Häuschen. Soweit ich das überblicke, haben Mädchen einfach mehr Freude am Tanzen. Es gibt sogar einige schlaue Leute, die sich darüber Gedanken machen, ob eure Lust zu tanzen nicht sogar biologische und psychologische Gründe hat. Aber das hier ist kein Biologiebuch, deshalb erspare ich dir, das genauer zu erklären.

Jedenfalls ist Tanzen ein gutes Thema, um Beziehungen zu verstehen. Also: Darf ich bitten? Mit Tanzen meine ich natürlich nicht das Herumgehüpfe und Gezappel, das du allein in deinem Zimmer, mit deinen Freundinnen beim Karaoke-Singen oder auf Partys veranstaltest. Ich rede hier von den Standardtänzen, die man zu zweit in der Tanzschule tanzt und die einiges an Übung erfordern. Ich spreche von Walzer, Tango und all den anderen komplizierten Tänzen mit den komischen Namen. Sie sind eine gute Einführung in einen anderen Paartanz: wenn du nämlich eine Beziehung zu einem Jungen aufbauen und die ersten Male mit ihm ausgehen möchtest.

Ja, auch Beziehungen aufbauen und sich miteinander verabreden – also der Bereich deines Lebens, in dem du nicht nur grundsätzlich am anderen Geschlecht interessiert bist, sondern einen bestimmten Jungen besser kennenlernen, mit ihm reden und Zeit verbringen willst – ist eine Art von Tanz.

Du weißt schon: wenn du plötzlich für einen Jungen Gefühle entwickelst, die du noch bei keinem anderen gespürt hast.

Aber wie genau funktioniert das denn? Wie kann man die Beziehung zu einem Jungen aufbauen? Kann man da auch was falsch machen? Und wenn wir uns verabreden wollen: Wer fragt wen zuerst? Dürfen auch Mädchen den ersten Schritt machen?

Wer führt?

Diese Frage ist ein guter Anfang, sowohl beim Tanzen als auch in Beziehungen. Denk mal über die folgenden Fragen nach:

Ist es in Ordnung, wenn ein Mädchen einen Jungen fragt, ob er mit ihr ausgehen möchte? Solltest du ihn fragen oder lieber warten, bis er die Initiative ergreift? Warum machen alle so ein Aufhebens darum, wenn ein Mädchen den Jungen anspricht und den ersten Schritt macht?

Kommen dir diese Fragen bekannt vor? Höchstwahrscheinlich. Das sind die Fragen, die wir in unserer Arbeit mit Jugendlichen am häufigsten gestellt bekommen. Es sind sehr gute Fragen, und man kann sie sehr viel kreativer beantworten als mit einem bloßen Ja oder Nein. Das ist ja das Spannende daran. Es gibt nicht immer eine einzige Antwort, die für jeden und für jede Frage gilt. Ich kenne einige Mädchen, die den Jungen zuerst angesprochen haben und bei denen sich alles bestens entwickelt hat. Ich kenne aber auch einige Mädchen, die die Initiative ergriffen haben und denen das mehr geschadet als genützt hat. Also, was jetzt?

Sich langsam annähern: die ersten Tanzschritte

Ich habe eine schockierende Nachricht für dich: Jungs neigen dazu, es mit ihrem Selbstbewusstsein zu übertreiben. Egal wie selbstsicher wir auftreten: Die erste Annäherung – oder die ersten Schritte in einem Tanz – sind wirklich sehr wichtig, und wir kennen uns damit auch nicht auf Anhieb aus. Hast du schon mal einen Tanzpartner gehabt? Wenn ja, und wenn du ein Mädchen bist, dann weißt du, dass in der Regel nicht du den Tanz führst. Ist das sexistisch? Nein. Macht das Tanzen dir deswegen weniger Spaß und ihm mehr? Nein. Es bedeutet nur, dass wir beim Tanzen verschiedene Rollen haben. Jemand muss beim Tanzen führen, und gewöhnlich ist das der Junge. Und meiner Meinung nach gibt es einige wichtige Gründe, warum er diese Rolle gut üben sollte.

Der Muskel

Wenn ein Junge eine Beziehung zu einem Mädchen aufbauen möchte und sich mit ihm verabredet, trainiert er damit einen Muskel. Das hat erst mal nichts mit dir zu tun, deswegen versetz dich kurz in unsere Lage. Wie sähe die Welt aus, wenn es auf ihr lauter Männer ohne Selbstbewusstsein gäbe? Was würde passieren, wenn Jungs sich niemals anstrengen müssten, um etwas zu bekommen? Wie wäre es um die Welt bestellt, wenn Jungen nicht zuerst die richtigen Tanzschritte lernen würden und erst danach ihre Tanzpartnerin bekämen? Die Antwort: Die Welt sähe nicht sehr gut aus. Es gäbe jede Menge Minderwertigkeitskomplexe und noch mehr schmerzende Füße.

Wir Jungs wachen nicht einfach eines Morgens auf und haben ein gutes Selbstbewusstsein – die Art von Selbstbewusstsein, wie sie jeder Junge im Leben braucht. Wir müssen daran arbeiten. Selbstbewusstsein ist wie ein Muskel, der trainiert werden muss, um zu wachsen. Und damit wir diesen Muskel stärken, müssen wir Risiken eingehen. Wir müssen damit rechnen, abgelehnt zu werden, damit wir Annahme erfahren können. Wir müssen lernen, zu führen. Das fällt uns nicht einfach zu, und gerade deshalb schätzen wir es umso mehr. Deshalb werden wir auch euch Mädchen mehr schätzen.

Bitte keine Hilfe!

Ihr helft den Jungs nicht, wenn ihr es ihnen zu *leicht* macht. Im ersten Moment stärkt das vielleicht unser Selbstbewusstsein, vielleicht fühlen wir uns sogar geschmeichelt, wenn ein Mädchen den ersten Schritt macht. Aber was ist, wenn wir unseren Wohlfühlbereich verlassen müssen, wenn wir uns verletzbar machen oder etwas Neues versuchen müssen? Dann fehlt uns der entsprechende Muskel. Mädchen mögen meistens selbstbewusste Jungs. Wäre es nicht eine Schande, wenn einem Jungen der Muskel vorenthalten würde, den er im Leben braucht?

Etwas Komisches passiert

Wenn ein Mädchen einen Jungen fragt, ob er sich mit ihr verabreden möchte, passiert etwas Komisches. Ganz oft erzählen mir Jungs, dass ihnen jemand oder etwas nicht so wichtig ist, wenn sie sich dafür nicht anstrengen mussten. Die meisten Jungs hängen weniger an einem geschenkten Auto als an einem, für das sie hart arbeiten mussten. Mit Mädchen geht uns das genauso. Das hängt einfach damit zusammen, wie wir gestrickt sind.

Guck dir zum Beispiel Chris an. Chris mag ein Mädchen namens Lynne. Irgendwann nimmt er all seinen Mut zusammen und fragt sie, ob sie mit ihm auf ein Konzert ihrer Lieblingsband und etwas essen gehen will. Er fragt sie sogar persönlich und nicht per SMS. (Mädels, merkt euch das: Geht nicht mit einem Jungen aus, der sich mit euch per SMS verabreden will!) Nach der Schule spricht er sie an, sagt ihr, dass er zwei Tickets für das Konzert habe, und fragt sie, ob sie vorher mit ihm noch etwas essen gehen möchte. Zu seiner Überraschung sagt sie Ja.

Also bereitet sich Chris auf den Abend vor. Er wird duschen. Er wird sich ein bisschen herausputzen (wirklich nur ein bisschen). Er wird sogar ein wenig Rasierwasser verwenden. (Das sollten ruhig mehr Jungs tun; und einige sollten es nicht gleich übertreiben.) Den ganzen Nachmittag geht er in seinem Kopf alles durch, was er planen und vorbereiten muss, damit der Abend gut verläuft. Warum? Weil er eine Chance bekommen hat, die er nicht in den Sand setzen will. Er möchte einen guten Eindruck machen, und weil er weiß, dass das allein von ihm abhängt, wird er sich umso mehr anstrengen. Er muss führen. Höchstwahrscheinlich wird der Tanz auf diese Weise besser ablaufen.

Das ist doch total altmodisch!

Was ist mit den Teenies, die das blöd finden? Wo ist das Problem, wenn ein Mädchen sich mit einem Jungen verabredet? Es geht doch darum, gemeinsam etwas zu unternehmen. Dabei ist es doch egal, wer wen fragt.

Ich kann gut verstehen, warum ihr so eine Einstellung habt. Aber der Grund, warum es eben doch einen Unterschied macht, hat mit der Zukunft zu tun. Wenn jemand meint, das sei egal, dann werde ich mich nicht auf eine Diskussion einlassen, das hätte auch gar keinen Sinn. Ich kann euch nur eines sagen: Jungs gehen gut mit allem um, wofür sie sich anstrengen mussten. Wenn sie etwas ohne Anstrengung bekommen – sei es ein neues Handy, ein Auto oder die Aufmerksamkeit eines Mädchens –, dann behandeln sie es nicht als etwas Wertvolles. Ich weiß das, weil ich alt genug bin, um ein bisschen über den Tellerrand zu gucken. Ich habe den Vorteil, mit Hunderten, vielleicht sogar Tausenden von Teenagern zu sprechen und ihre Geschichten anzuhören. Deswegen weiß ich auch, wie so etwas meistens endet. Die Beziehungen sind nicht so gesund, und der Tanz hat eine Schlagseite. Das ist nicht einfach meine Meinung, sondern das ist schlicht meistens das Ende vom Lied.

Es gibt noch einen anderen, sogar noch wichtigeren Grund: Gott hat uns Männer von Anfang an so geschaffen. Ich glaube, dass Gott den Mann zum Arbeiten geschaffen hat. Adam musste im Garten Eden erst mal hart arbeiten, ehe Gott ihm Eva als Gefährtin gab. Gott gab ihm den Auftrag, jedem Tier einen Namen zu geben. Das ist harte Arbeit und dauert seine Zeit. Und erst danach gibt Gott ihm Eva. Hätte er nicht vorher so hart gearbeitet, dann hätte er meiner Meinung nach auch Eva nicht so in Ehren gehalten. Und oft mache ich die Erfahrung, dass die Jungs heute noch genauso gestrickt sind.

Aber er fragt mich einfach nicht!

Das habe ich auch schon oft gehört. Dir gefällt ein Junge, aber du rechnest nicht damit oder weißt es sogar ganz genau, dass er von sich aus nicht auf die Idee kommt, sich mit dir zu verabreden. Deshalb sagst du dir, dass eben du die Initiative ergreifen musst, damit der Tanz mal in die Gänge kommt. Da ist natürlich was dran. Aber ich möchte dir trotzdem eine Frage stellen: Möchtest du wirklich mit einem Jungen zusammen sein, der nicht mal den Mut aufbringt, sich mit dir zu verabreden? Möchtest du in deinem Leben einen Jungen haben, sei es als Freund oder auch nur als Kumpel, der davor zurückschreckt, seinen Wohlfühlbereich zu verlassen und das zu tun, was zu tun er lernen muss? Ich hoffe mal, dass du die Fragen mit Nein beantwortest. Und doch gibt es viele Mädchen, denen das Hier und Jetzt wichtiger ist als die Zukunft. Das Problem daran: So etwas kann zu schlechten Angewohnheiten führen. Meiner Erfahrung nach sind die Mädchen, die gesunde Beziehungen haben und an denen Jungs interessiert sind, nicht einfach hübsche Mädchen, sondern sie wissen auch, wie ihre Tanzschritte sein müssen. Sie opfern nicht ihre guten Angewohnheiten, um das Interesse eines Jungen zu wecken. Solchen Mädchen geht es nicht in erster Linie darum, dass der Junge sie mag, sondern sie legen Wert darauf, einen gesunden Rahmen für eine Beziehung zu finden. Sie lassen sich Zeit, ihre Schritte zu lernen.

Gebt euch Mühe, Jungs

In Wahrheit müssen sich die meisten Jungs mit einer ziemlich rauen Realität auseinandersetzen. Die Welt der lockeren Beziehungen und des süßen Lebens, in dem man alles umsonst bekommt, führt oft zu einem bösen Ende. Solche Jungs werden später große Schwierigkeiten haben, wenn es darum geht, Beziehungen zu leben, sich selbst auch mal zurückzunehmen und einen erwachsenen Umgang mit anderen Menschen zu lernen. Wir alle müssen unsere Tanzschritte lernen, aber tatsächlich verweigern sich viele Jungs dieser Lektion. Doch früher oder später führt kein Weg daran vorbei. Dieselben Jungs, die sich nie für etwas anstrengen mussten, nichts riskieren und nicht lernen, wie man richtig mit Mädchen umgeht (wozu eben auch gehört, nicht den einfachsten Weg zu wählen, um eine Beziehung aufzubauen und sich zu verabreden), stehen später ziemlich blöd da. Sie haben meist viel ungesündere Beziehungen und müssen das alles viel später lernen, wenn es manchmal schon zu spät zu sein scheint.

Märchen und Realität

Warum erfreut sich das Märchen vom Frosch, der durch den Kuss der Prinzessin zum Prinzen wird, so großer Beliebtheit? Kommt dir das nicht ziemlich schräg vor? Nicht nur das mit dem Froschküssen, sondern die ganze Moral der Geschichte? Man kann einen normalen Typen nicht in einen Prinzen verwandeln. Aus einem Jungen wird kein Prinz nur wegen eines Mädchens. *Vernünftige* Junge sind bereits Prinzen oder zumindest auf dem Weg dahin.

Wie wäre es denn mit diesem Märchen: Du magst einen

ganz bestimmten Jungen. Ihr passt einfach perfekt zueinander. Irgendwann während eurer Schulzeit seid ihr zusammengekommen, und dein Herz ist voller Liebe, Zuneigung und Bewunderung für ihn. Ihr haltet Händchen, geht tanzen und schaut euch verliebt in die Augen. So geht das einige Jahre, und wenn ihr beide alt genug seid, kauft er dir einen Diamantring und hält um deine Hand an. Er liebt dich, behandelt dich rücksichtsvoll und sagt dir jeden Tag deines Lebens, wie schön du bist. Stellst du dir so dein weiteres Leben vor?

Die etwas realistischere Version

In deiner Zukunft kommt die Person, an die du jetzt gerade denkst, wahrscheinlich nicht vor. *Bitte? Woher willst du das denn wissen?* Na ja, ich weiß das mit 96-prozentiger Sicherheit. So hoch ist nämlich der Anteil der Beziehungen zwischen Jugendlichen, die *nicht* in der Ehe enden.[3] Es ist eine überprüfbare Tatsache, dass die meisten dieser Beziehungen nicht ewig dauern. Ich will dir damit nicht den Mut rauben, sondern dir Stoff zum Nachdenken geben. Das ist nämlich keine schlechte Nachricht. Das ist sogar eine gute Nachricht. Denn wenn du weißt, dass der Junge, an dem du als Jugendliche interessiert bist, höchstwahrscheinlich nicht dein Ehemann wird, dann ändert das doch einiges. Zumindest für die meisten Mädchen. Wenn du schon wüsstest, wie es ausgeht, würdest du dann nicht auch ganz anders anfangen? Würdest du dem anderen so sehr dein Herz öffnen, wenn du wüsstest, dass du das Ganze später noch einmal mit einem anderen machen wirst? Würdest du mit jemandem schlafen, wenn du wüsstest, dass du und er später doch mit einer anderen Person zusammen sein werdet?

Wahrscheinlich eher nicht. Aber viele Mädchen, und auch einige Jungs, neigen dazu, sich die Zukunft so vorzustellen, wie sie sie gerne hätten. Du möchtest etwas so sehr, dass du die Realität nicht länger wahrnimmst, sondern dein Verhalten an dem ausrichtest, das „hoffentlich" passieren wird. Deshalb tu dir selbst einen Gefallen: Halte dich an die Realität. Sei dir im Klaren darüber, dass höchstwahrscheinlich dein erster Freund, den du während deiner Schulzeit kennengelernt hast, wohl eher nicht dein Ehemann werden wird. Wenn du das nicht vergisst, was ändert sich dadurch?

Wenn du mit jemandem zusammen bist und *weißt*, dass du ihn nicht heiraten wirst, was könntest du dann anders machen in eurer Beziehung?

Ein unbequemer Tanz

Apropos jemandem auf die Füße treten – ich hoffe, das folgende Beispiel kommt dir nicht bekannt vor:

Mark und Lindsay waren schon seit ein paar Jahren befreundet, und ihnen beiden war klar, dass aus ihrer Freundschaft langsam mehr wurde. Sie waren im vorletzten Schuljahr, und der Abschlussball[4] kam immer näher. Mark gab sich einen Ruck und fragte Lindsay, ob sie mit ihm zum Ball gehen wollte – genau darauf hatte sie gehofft. Mit ein paar Freundinnen zog sie los, um Kleider zu kaufen, und auch die passenden Schuhe fand sie. Am Abend des Abschlussballs holte Mark sie eine halbe Stunde zu spät ab – *ohne* Blumen – und entschuldigte sich noch nicht einmal. Er verlor kein Wort darüber, wie gut sie aussah, und selbst als sie nachfragte, ob sie ihm gefalle, sagte er nur „Ja". *Immerhin hält er mir die Tür auf,* tröstete sich Lindsay. Auf dem Weg zum Restaurant erzählte er ihr, dass sie sich mit ein paar seiner Freunde treffen würden. Ihre Enttäuschung wuchs noch, als sie hörte, dass sie das einzige Mädchen sein würde. Das ganze Essen lang musste sie sich Jungenwitze anhören, wurde nicht beachtet und musste am Ende sogar noch ihre Rechnung selbst bezahlen. Dann ging es endlich zum Abschlussball. Bei ihrer Ankunft stellte sich heraus, dass Mark die Eintrittskarten noch nicht bezahlt hatte, und da er auch nicht genug Geld dabei hatte, musste sie ihm etwas leihen. Drinnen fanden sie dann jeweils ihre Cliquen und sahen sich fast den ganzen Abend nicht mehr. Trotzig und frustriert verzichtete Lindsay darauf, Mark um einen Tanz zu bitten. Mark dagegen lachte mit seinen Freunden, zeigte seine Breakdance-Tricks und tanzte sogar recht eng mit anderen Mädchen. Da riss Lindsay der Faden und sie stellte Mark zur Rede. Während ihres Gesprächs kam eine von Marks Bekannten angelaufen und zog ihn kichernd auf die Tanzfläche. Er leistete keinen Widerstand. Lindsay war wie versteinert und ließ sich von einem Bekannten und dessen Freundin nach Hause fahren. Es versteht sich von selbst, dass ihre Beziehung zu Mark danach ganz anders aussah.

Ein angenehmer Tanz

Wie sähe eine angenehmere Version einer solchen Verabredung aus?

Samantha hatte David in den letzten Monaten recht gut kennengelernt. Das ergab sich wie von selbst, denn sie arbeiteten beinahe jeden Tag zusammen an dem Brezel-Stand im Einkaufszentrum. Dave sah ganz gut aus. Er hatte ein gewinnendes Lächeln, trieb viel Sport, konnte aber auch über andere Themen reden – und er hörte sogar zu, wenn Samantha ihm etwas erzählte. Die Chemie zwischen ihnen stimmte einfach. Eines Tages fragte David, ob sie Lust habe, mit ihm am Samstag Minigolf zu spielen. Ihr Herz machte einen Satz. Sie hatten sich noch nie außerhalb der Arbeit getroffen. Als sie nach Hause kam, rief sie sofort ihre Freundinnen an, um die gute Nachricht zu verbreiten.

Der Samstag kam und David rief an, dass er sich ein wenig verspäten würde. Eine halbe Stunde später klingelte er an ihrer Tür. Er machte ihr ein Kompliment über ihre Frisur, dann gingen sie zu seinem Wagen und er hielt ihr die Tür auf. Sie fühlte sich ungewöhnlich entspannt und sagte sich, dass es sicher daran lag, dass sie und David sich schon ganz gut kennengelernt hatten. Samantha spielte zum ersten Mal Minigolf, aber David versicherte ihr, sie sei ein Naturtalent! Gegen Abend wurde es kühler. David zögerte nicht lange und gab ihr sein Sweatshirt, als sie die Schläger zurückbrachten. Sie tranken noch einen Milchshake, redeten und lachten stundenlang, bis David sie schließlich wieder nach Hause brachte. Sie stand vor ihrer Tür und winkte David zum Abschied, als er losfuhr.

So muss für mich ein Tanz aussehen! Und für dich? Wie stellst du dir eine gute Beziehung und Verabredungen vor?

Dein Tanzpartner

Wenn man Mädchen danach fragt, wie sie sich idealerweise ihre ersten Treffen mit einem Jungen vorstellen, dann bekommt man sehr häufig das Wort „angenehm" zu hören. Sie treffen sich lieber an öffentlichen Plätzen als bei jemandem zu Hause. Sie mögen es, wenn sie mit Respekt behandelt werden (wenn der Junge ihnen Komplimente macht, ihnen die Tür aufhält und keine blöden Sprüche reißt), sie schätzen ein gutes Gespräch, und es gefällt ihnen, wenn beide Beteiligten viele gemeinsame Interessen haben. Na, habe ich recht?

Wenn du eine Beziehung zu einem Jungen aufbauen möchtest und ihr euch öfter verabredet, dann ist das wie ein Tanz. Deshalb solltest du ein angenehmes Gefühl haben, was den Tanz, deine eigenen Schritte und deinen Tanzpartner angeht. Du tanzt, um jemanden besser kennenzulernen, und das geht nun mal am besten, wenn du selbst dabei entspannt bist und dich wohlfühlst.

Tanze nicht in der Grauzone

Beim Thema Beziehungen aufbauen wird manchmal Grau die vorherrschende Farbe. Damit meine ich, dass die Dinge plötzlich nicht mehr schwarz oder weiß sind und klare Grenzen vorhanden sind, sondern diese verschwimmen und undeutlich werden. Die Leute finden sich auf einmal nicht mehr zurecht und sind verwirrt. Irgendwie hat der Tanz eine ungute Wendung genommen. Der eine schiebt, der andere zieht in die andere Richtung, du trittst deinem Partner auf die Füße und der Tanz verliert seine Anmut und Leichtigkeit.

Nachgefragt
Eine verwirrende Situation

Frage: Mein Freund und ich sind schon seit über einem Jahr zusammen. Er hat viele weibliche Freunde, mit denen er sich oft allein trifft. Er meint, auf die Weise lernt er sie besser kennen. Ich habe dabei von Anfang an kein gutes Gefühl gehabt, aber er sagt, er kann das nicht verstehen, weil er sich nur mit Mädchen verabredet, die unsere Beziehung respektieren. Aber das hilft mir auch nicht wirklich. Sollte ich mich nach einem neuen Freund umsehen?

Antwort: Vergiss mal richtig oder falsch für einen Moment und stell dir diese Frage: Nimmt deine innere Sicherheit zu oder ab, was deine Beziehung mit diesem Jungen angeht, deinen Blick auf Jungs und die Gewissheit, dass Gott im Mittelpunkt deiner gesunden Beziehungen steht?

Auf mich wirkt das so, als ob mindestens einer von euch sich nicht wohlfühlt in eurer Beziehung.

Wenn ihr eine faire und respektvolle Beziehung habt, dann solltest du mit ihm darüber sprechen und ihm sagen, wie du dich fühlst. Vielleicht ist alles nur ein Missverständnis, dann könnt ihr das aus der Welt räumen. Wenn du aber mit ihm sprichst und es ihm einfach egal ist, dann solltest du die Beziehung beenden. Ich will deinen Freund wirklich nicht schlechtmachen, aber es ist immer wichtiger, sich selbst zu schützen und eine ungesunde Beziehung zu beenden, als zu versuchen, jemand anderen zu verändern. Es scheint so, als könntest du diese Lektion ohnehin in deinem Leben gebrauchen, und das ist eine gute Gelegenheit, sie jetzt zu lernen.

Um auf deine Frage zurückzukommen: Irgendwie ergibt das nicht wirklich Sinn. Wenn sich ein Junge mit einem Mädchen verabredet, dann möchte er ja Zeit mit ihr verbringen und sie besser kennenlernen. Das ist ja an sich nichts Schlechtes — außer wenn er schon eine Beziehung zu einem anderen Mädchen hat, und das trifft auf deinen Freund ja wohl zu, oder?

Wenn ein Junge eine Freundin möchte und sich entschließt, ihr treu zu sein, dann bedeutet das, dass er sich nicht mehr mit anderen Mädchen verabredet. Ich bin ein Junge, und ich weiß genau, dass es meine Freundin ziemlich verletzt hätte, wenn ich mich mit anderen Mädchen getroffen hätte. Selbst wenn es nur „gute Kumpel" gewesen wären, meine Handlungen hätten etwas anderes ausgedrückt als meine Worte. Und weißt du was? Den Jungs, die so etwas tun, ist das schon bewusst. Das alte Sprichwort gilt auch hier: Taten sagen mehr als Worte.

Wenn die Sache sich also wirklich so verhält und dein Freund einfach keine Rücksicht auf eure Beziehung nimmt, dann solltest du dich besser von ihm trennen. So ersparst du dir die ständige Unsicherheit, die ein solches Verhalten in einer festen Beziehung auslöst. Trotzdem kannst du daraus etwas lernen. Vielleicht verbringst du wieder mehr Zeit mit deinen anderen Freunden. Manchmal halten uns feste Freunde davon ab, unsere anderen Freundschaften zu genießen.

Lerne zu tanzen. Hab Spaß dabei. Achte auf deine Schritte. Deine Schritte in diesem Tanz zu lernen, ist von unschätzbarem Wert. Und einen Tanzpartner hast du immer – Gott. Ich wette, er legt eine kesse Sohle aufs Parkett.

Wie gut kannst du tanzen?

1. Wenn du dir in Sachen Beziehungen aufbauen und sich verabreden wie ein Mauerblümchen vorkommst, dann ...

a) ergreifst du die Initiative und forderst selbst jemanden auf.

b) freust du dich darüber, mit anderen Mauerblümchen gute Freundschaften aufzubauen.

c) gehst du nach Hause und weinst dich in den Schlaf.

2. Du weißt jetzt, dass dein erster „Tanzpartner" höchstwahrscheinlich nicht dein Ehemann wird. Wirst du deshalb ...

a) hoffen und beten, dass du zu den vier Prozent gehörst, deren Beziehung nicht endet?

b) diesen Tanz genießen und auch die anderen, zu denen du noch eingeladen wirst, ohne sie zu ernst zu nehmen?

c) mit dieser Zeitverschwendung aufhören, mit deinem Freund (wenn du einen hast) Schluss machen und erst nach der Schule wieder anfangen zu tanzen, also mit Jungs eine Beziehung aufbauen?

3. Wenn du die Wahl hättest, welche dieser drei Eigenschaften wären dir am liebsten bei deinem „Tanzpartner"?

a) gutes Aussehen (Denn ein attraktiver Partner lässt auch dich besser aussehen!)

b) gutes Rhythmusgefühl (Denn mit so einem Partner wird das Tanzen zum Vergnügen.)

c) gutes Benehmen (Ein Freund mit guten Manieren gibt dir das Gefühl, etwas Besonderes zu sein, und beeindruckt deine Mutter.)

Jetzt zähle deine Punkte zusammen:
Für a) gibt es jeweils 3 Punkte, für b) 2 und für c) 1.

Dein Ergebnis:

8–9 Punkte:
Es macht den *Eindruck*, dass du bei diesem Tanz keine Probleme hast. Du bist selbstbewusst und ergreifst die Initiative. Aber es könnte auch sein, dass du bald auf die Nase fällst.

5–7 Punkte:
Du hast die Sache richtig verstanden. Du machst weniger Show als andere, aber du bist die Art von Tänzerin, von der ein Junge nicht genug bekommen kann.

3–4 Punkte:
Du bist zu pessimistisch. Du musst nicht gleich komplett darauf verzichten, Jungs kennenzulernen, oder nur dabeibleiben, weil du dich ohne Partner wertlos fühlst.

Kapitel 4

Wie Jungs ticken

Ich habe ein kleines Geheimnis entdeckt. Es hat mit Jungs und gewissen Körperteilen zu tun – aber nicht mit denen, an die du jetzt vielleicht denkst. Während meiner Arbeit als Redner bei Seminaren für Teenager bin ich auf ein lustiges Geheimnis gestoßen. Viele Jungs im Teenie-Alter denken, sie hätten einen Uterus.

Ich war der Gastgeber eines Open-Air-Festivals in der Nähe des Sees Winnipa-irgendwas in Connecticut. In einer der Pausen leisteten mir zwei Jungs – nennen wir sie Joe und Chris – beim Mittagessen Gesellschaft. Sie waren 15 und 16 Jahre alt, hatten sehr viel Humor und waren definitiv an Mädchen interessiert. Ich beschloss, mit ihnen einen kleinen Test durchzuführen. Nachdem wir eine Zeit lang geredet hatten, stellte ich ihnen beiläufig die Frage, was sie während des Sexualkundeunterrichtes gelernt hätten. Ich fragte sie, ob sie wüssten, wo sich ihr Uterus befinde. Sie saßen beide still da und dachten einen Moment etwas verunsichert nach. Chris fand als Erster die Sprache wieder. Er sah mir in die Augen und sagte mit zögernder Stimme: „Also, weißt du ... das ist eine ganz schön persönliche Frage." Ich verkniff mir ein

Grinsen und fragte Joe, ob er auch eine Meinung dazu habe. Ganz langsam hob er den Zeigefinger und bewegte ihn in Richtung seines Bauches. Aber da machte er nicht Halt. Der Finger bewegte sich immer weiter nach unten, bis zu seinem Fuß. Er zeigte auf seinen großen Zeh und sah erwartungsvoll zu mir hoch. In diesem Moment musste ich daran denken, dass erwachsene Männer mit PS-starken Autos durch die Gegend fahren, die tatsächlich meinen, der Uterus befinde sich im rechten großen Zeh! Das kann einem echt Angst machen.

Die einfache Wahrheit ist die: Jungen und Mädchen sind unglaublich verschieden. Wir haben auch viele Gemeinsamkeiten, aber manchmal kommt es einem wirklich so vor, als kämen wir von verschiedenen Planeten. Oder als sprächen wir verschiedene Sprachen. Es ist wichtig, dass Jungs lernen, Mädchen richtig zu verstehen. Wir müssen unseren Wohlfühlbereich verlassen und Zeit und Mühe darauf verwenden, Mädchen besser zu verstehen, so wie ihr Mädchen das auch mit uns Jungs machen müsst. Mädchen mögen Jungs, die sie verstehen. Weißt du was? Umgekehrt gilt das auch: Jungs mögen Mädchen, die sie verstehen können. So etwas lernt man nicht von einem Tag auf den anderen. Das dauert dein ganzes Leben. Aber es ist ein guter Anfang, zunächst einmal einige der ganz grundlegenden Unterschiede zu verstehen. Ich hoffe, ich kann dir einen kleinen Einblick in das Gehirn, das Herz und das Leben von Jungs geben und dir zeigen, worin sie sich von dir unterscheiden.

Waffeln und Spaghetti

Ich habe es schon einmal gesagt und werde es noch öfter wiederholen: Waffeln und Spaghetti.[5] Anders ausgedrückt: Es gibt ein Jungen- und ein Mädchengehirn. Wenn sein Gehirn wie eine Waffel ist, dann ist ihres wie Spaghetti. Aber noch mal ganz von Anfang an: Ganz egal, ob dein Gehirn jetzt mehr an Backwaren oder an Nudeln erinnert, auf jeden Fall hat es zwei Hälften oder Hemisphären: die linke und die rechte. Die linke ist die logische und lineare Seite. Dort wird gerechnet, Geometrie betrieben und grundsätzlich ein sehr logischer Blick auf die Welt gepflegt. Die rechte Seite ist das Kreativitätszentrum und für alles zuständig, was mit Gefühlen zusammenhängt. Du kannst dir das so vorstellen: Die linke Seite erkennt, aus welchen Wörtern ein Satz zusammengesetzt ist, und die rechte Seite versteht die Bedeutung dieser Wörter und des ganzen Satzes.

Das Gehirn eines Mädchens könnten wir mit einem Teller Spaghetti vergleichen. Es ist – wie sag ich das am besten? – ein wenig verschlungen. Stell dir vor, du würdest eine Nudel herauspicken und ihr bis ans Ende folgen – mit wie viel anderen Nudeln kämst du dabei in Berührung? Vermutlich mit allen! In eurer Welt ist alles irgendwie mit allem verbunden. Deine Gefühle deinem Körper gegenüber beeinflussen deine Gefühle der Schule gegenüber beeinflussen deine Gefühle deinen Freundinnen gegenüber beeinflussen deine Gefühle deinem heutigen Speiseplan gegenüber beeinflussen deine Gefühle deinem Outfit für heute Abend gegenüber und immer so weiter. Mädchen sind viel besser beim Multitasking als Jungs. Viele Experten glauben, das liegt einfach in eurer Natur. Eure beiden Gehirnhälften sind auf eine andere Weise miteinander verbunden als bei Jungs.

Jungengehirne sind wie Waffeln. Stell dir unser Gehirn mal so vor: Es enthält einzelne Abteilungen, die nicht miteinander verbunden sind. Hast du schon mal einen Jungen gefragt, an was er gerade denkt, und die Antwort bekommen: „Äh, ich weiß nicht. An nichts."? Er hat wahrscheinlich nicht gelogen. Mir geht das ständig so und – das ist jetzt nicht böse gemeint – wahrscheinlich hat auch dieser Junge nicht einmal an dich gedacht. Hier ist eine wichtige Sache, die du über Jungs wissen musst: Wir verbringen gerne Zeit in den Abteilungen, in denen wir gut sind. Ob das nun Sport ist oder Mathe oder flirten oder Humor oder Hunde fangen, was auch immer. Wir betrachten gerne unsere guten Seiten und bauen um sie herum unser Bild von uns selbst auf. Und weißt du was? Wir machen meistens einen Bogen um die Dinge, in denen wir nicht so gut sind, und das geht manchmal unser ganzes Leben so. Jungen neigen dazu, einen Großteil ihrer Zeit einer ganz speziellen Sache zu widmen, in der sie gut sind. Das ist an sich nicht schlecht; es zeigt nur, dass wir anders gestrickt sind. Jetzt verstehst du vielleicht besser, warum wir solche Schwierigkeiten damit haben, unsere Gefühle auszudrücken, während Mädchen es viel leichter fällt, ihre Gefühle zu verstehen und mitzuteilen.

Wir benutzen zwar alle jeden Tag beide Gehirnhälften, aber Jungs neigen dazu, für bestimmte Aufgaben eher ihre linke als die rechte Gehirnhälfte einzusetzen. Mädchen verwenden beide Gehirnhälften von einem jüngeren Alter an; das ist der Grund, warum ihr viel mehr Wörter für Gefühle kennt als der männliche Durchschnittsteenager. Ist dir schon mal aufgefallen, dass Mädchen häufig ihre Sätze mit „Ich habe das Gefühl, dass …" anfangen, während Jungen Sätze eher mit „Ich denke, dass …" beginnen? Ernsthaft, achte mal darauf. Du wirst das ungefähr viertausend Mal am Tag hören.

Ich übertreibe hier natürlich. Jungs fangen nicht jeden Satz mit „Ich denke, dass ..." an, und manchmal drücken sie tatsächlich ihre Gefühle aus. Genauso wenig sind Mädchen rein emotionale Wesen, die nicht logisch denken können. Es gibt Jungen, die eine gute Beziehung zu ihren Gefühlen haben, und Mädchen, die total aufgeräumt und logisch an Probleme herangehen. Wir benutzen alle beide Hemisphären, aber wir haben jeweils eine eindeutig männliche oder weibliche Tendenz. Es gibt Unterschiede zwischen uns, und es macht Spaß, mehr über sie zu lernen. Und zum Lernen ist man niemals zu jung.

Unsere Augen funktionieren bestens

Wenn du einen ganz grundlegenden Unterschied zwischen Jungs und Mädchen verstehen willst, dann solltest du wissen: Jungenaugen funktionieren bestens, meistens sogar besser, als uns lieb ist. Jungen sind viel, viel und noch mal doppelt so viel visueller orientiert als Mädchen. Mit diesem Wissen erklären sich die vielen Missverständnisse zwischen Jungen und Mädchen, die mit Anziehung, Grenzen und vielem mehr zu tun haben. Sie entstehen dadurch, weil wir nicht verstehen, dass wir uns in dieser Hinsicht unterscheiden.

Es gibt jede Menge Beispiele für diesen Unterschied. Seit Menschen Texte schreiben, also auch schon in den antiken Texten, lesen wir davon, wie Jungen Mädchen beschreiben. Meistens beschreiben sie vor allem ihre Körper. Gott hat die Frau als Verkörperung der Schönheit hier auf Erden geschaffen. Ist es da ein Wunder, dass Jungs sich gerne Mädchen anschauen? Das ist nicht verwerflich und es ist nicht unsere Schuld, sondern ein Beispiel dafür, dass wir einander brauchen.

Jungs haben heutzutage mit vielem zu kämpfen. Sie sehen fast überall sexualisierte Bilder, harte und softe Pornografie und Darstellungen von spärlich bekleideten Frauen, egal wo sie hinschauen. Jungen müssen lernen, Mädchen respektvoll zu begegnen, und Mädchen täten gut daran zu verstehen, wie ihr Outfit auf Jungen wirkt.

Wenn du denkst, dass du einen Jungen auf dich aufmerksam machen kannst, indem du ihm deinen Körper vorführst, und er danach auch alles andere von dir sehen will – dein Herz, deine Persönlichkeit, deinen Sinn für Humor –, dann weißt du nicht, wie wir ticken. Denn so funktioniert das in der Regel nicht. Ich würde es dir sagen, wenn's so wäre, aber so läuft es einfach nicht. Im Durchschnitt enden Beziehungen zwischen Jugendlichen (in den USA) in den Klassen 9 bis 12 nach vier Wochen oder weniger, nachdem es zum Geschlechtsverkehr gekommen ist.[6] Wenn du einem Jungen deinen Körper präsentierst, dann will er deinen Körper. Auf diese Weise bekommst du wahrscheinlich mehr Aufmerksamkeit, aber Aufmerksamkeit an sich ist noch kein Wert. Wie meine Freundin Natalie Grant immer sagt: „Dezent liegt im Trend." Und was noch besser ist: Sie meint das ernst, und ihr Ehemann Bernie auch. Du solltest mal sehen, wie er sie anhimmelt – und das liegt nicht an ihrem Outfit.

Nebeneinander oder gegenüber?

Lass uns einen kurzen Abstecher in die Zeit des Sandkastens machen. Aus der Beobachtung des Spielverhaltens von Jungen und Mädchen ist eine Theorie entwickelt worden, anhand der man von klein auf einen Unterschied zwischen den Geschlechtern festmachen kann. Wenn es auf einem Spielplatz einen Sandkasten oder einen Haufen Erde gibt, dann spielen Jungs dort Seite an Seite, also nebeneinander. Wenn Jungs angeln, dann tun sie es nebeneinander (ich kann mir ehrlich gesagt auch nicht vorstellen, wie das anders gehen soll). Wenn sie ein Modellauto zusammenbauen oder mit Soldatenfiguren spielen oder einen Haushaltsgegenstand in die Luft jagen, dann tun sie das immer nebeneinander. Man nennt das „paralleles Spiel". Mädchen dagegen üben sich schon als Kinder im Augenkontakt. Wenn sie mit ihren Freundinnen spielen, dann sitzen sie sich gegenüber, sprechen mehr miteinander und schauen sich unendlich viel öfter als Jungen direkt an.

Hier noch einige weitere Unterschiede zwischen uns, die dich vielleicht interessieren:

◎ Beim Autofahren benutzen wir verschiedene Gehirnhälften. Jungs greifen auf ihr geometrisches Verständnis zurück, um den Weg zu finden (linke Hälfte), Mädchen prägen sich Wegmarken ein (rechte Hälfte).

◎ 75 bis 93 Prozent aller Unterbrechungen in einem Gespräch werden von Jungen verursacht.[7]

◎ In Beziehungen beschäftigen sich Mädchen mehr mit Alltagsproblemen, während es Jungen eher „ums Prinzip" geht.

◎ Jungen neigen dazu, ihre Intelligenz zu überschätzen, Mädchen unterschätzen ihre eher.

◎ Kleine Mädchen lernen innerhalb einer Gruppe sehr schnell, sich anzupassen, auf die Gefühle der anderen Rücksicht zu nehmen und nicht anzugeben. Sie glauben, aus der Gruppe ausgestoßen zu werden, wenn sie zu bestimmt auftreten. Verallgemeinernd gesagt denken Jungs dagegen, einen anderen Jungen auf dem Flur mit einem

Schlag in den Magen zu begrüßen, sei ein Zeichen von Liebe.

◉ Jungs sind besser in der Kommunikation, wenn sie sich auf eine Sache oder ein Thema konzentrieren können. Sie bevorzugen klare Fragestellungen, bei denen nicht lange herumgeraten werden muss.

Sich verletzbar zu machen, fühlt sich komisch an

Es gibt ein Wort, welches das Leben eines männlichen Teenagers sehr gut zusammenfasst: Anpassung. Damit ist gemeint: dazugehören, nicht auffallen und sich so normal verhalten, wie sich ein normaler Junge eben verhält. Deshalb zieht sich ein Junge genauso an wie die anderen Jungen in seiner Klasse, erzählt dieselbe Art von Witzen, redet auf dieselbe Weise über Mädchen, mit Mädchen und in der Nähe von Mädchen. Man könnte die Liste fortsetzen, aber eines haben all diese Dinge gemeinsam: Es ist einem Jungen in der Pubertät wichtig, nicht aus der Masse hervorzustechen. Er möchte gerne in der Menge untergehen und gibt sich viel Mühe, nicht blöd dazustehen oder vor anderen Leuten irgendeinen Fehler zu machen.

Jungen im Teenageralter geben sieben bis neun negative oder sarkastische Kommentare ab, ehe sie einmal etwas Positives oder Ermutigendes sagen. Meiner Meinung nach liegt das daran, weil es einfacher ist, sarkastisch oder lustig zu sein, als sich verletzbar zu machen und von den eigenen Gefühlen zu sprechen. In jedem Fall könnten Jungs ruhig etwas netter sein.

Wenn es plötzlich cool wäre, nett zu sein, sähe die Welt ganz anders aus. Leider ist das nicht der Fall. Genau wie ihr Mädchen versuchen wir Jungs jeden Tag aufs Neue, unseren Platz zu finden. Aber weißt du was? Wenn wir nett, sanftmütig und ehrlich sind, macht uns das auch verletzlicher. Mädchen sind mir gegenüber immer viel offener, was ihre Unsicherheit oder Ängste angeht, ihre Freuden und Sorgen. Die meisten Jungen sind da zurückhaltender und behalten so etwas lieber für sich. Bei einigen wenigen ist das anders, aber die große Mehrheit verhält sich so. Manchmal fällt es schwer, sich klarzumachen, dass Jungs in Wahrheit nicht immer den Durchblick bei Beziehungen, Mädchen, Freunden, Liebe, Angst und was sonst noch haben. Es fällt schwer, weil wir darüber nicht reden – und selbst wenn, wie würden die Leute wohl reagieren? Was ich sagen will: Es ist für uns nicht leicht, immer so zu sein, wie wir gerne sein wollen. Das hat viel mit Verletzlichkeit zu tun, und sich verletzlich zu machen fühlt sich komisch an.

Du solltest auch noch dieses Geheimnis kennen: Wenn wir allein sind, dann haben, glaube ich, viele von uns den Eindruck, dass sie eigentlich große Aufschneider sind. Wir sind längst nicht so sehr von uns überzeugt, wie wir die Welt glauben machen möchten. Wir haben Angst. Jungs sprechen vielleicht nicht so viel darüber, was sie denken und fühlen, aber trotzdem denken und fühlen sie natürlich, und vieles davon ist ganz ähnlich wie bei Mädchen. Je besser du die Unterschiede zwischen Jungs und Mädchen verstehst, desto deutlicher siehst du auch, wie ähnlich wir uns auch sein können. Das liegt daran, dass wir alle im selben Boot sitzen und herausfinden müssen, in welche Richtung wir rudern sollen.

Wähle deine Waffel gut aus

Wenn Jungs Mädchen mögen, die keine Jungs sind, dann bleiben da immer noch sehr viele Fragen offen. Zum Beispiel: Was will ein Junge denn nun eigentlich von einem Mädchen?

Diese Frage hängt von zwei Faktoren ab:

1. von dem Jungen
2. von dem Jungen

Ernsthaft, es kommt einfach darauf an, wen du fragst. Tatsächlich gibt es Jungs, die gerade in diesem Moment gute Angewohnheiten entwickeln, und andere, die richtig schlechte Angewohnheiten entwickeln. Ihre Entscheidungen beeinflussen maßgeblich, was ihnen später an einem Mädchen wichtig ist und was sie von ihm wollen – vom gemeinsamen Kaffeetrinken bis zur Hochzeit. Deshalb ist es wichtig, dass du dir die Waffeln in deinem Leben genau anschaust.

Es gibt vernünftige und weniger vernünftige Jungs. Welche davon auf dich aufmerksam werden, hängt davon ab, wie dein Selbstwert aussieht. Es gibt übrigens weniger gute und vernünftige Jungs, aber die Klasse ist in diesem Fall wichtiger als die Masse. Das gilt insbesondere für Beziehungen. Wenn wir von vernünftigen, respektvollen Jungs reden, dann gibt es einen Punkt, der ihren Waffeln an deinen Spaghetti immer gefallen wird: Freundschaft. *Freundschaft steht am Anfang jeder intimen Beziehung, und ohne sie wird unser Bedürfnis nach echter Intimität keine Erfüllung finden.*

Wenn du Jungen verstehen willst, musst du zuerst verstehen, was Freundschaft bedeutet. Das ist die Antwort auf die Frage vieler Mädchen, die Probleme mit Jungs haben. Vieles von dem, was sie an einem Jungen nicht verstehen, klärt sich, wenn es durch den Filter der Freundschaft betrachtet wird.

Der Freundschafts-Filter

◎ Ist Freundschaft die Basis deiner Beziehungen?
◎ Möchtest du Beziehungen, die zuerst romantisch geprägt sind und nicht freundschaftlich?

Die große Wahrheit lautet: Ein Junge möchte in einem Mädchen vor allem eine Freundin haben. Manche werden jetzt widersprechen. Das liegt daran, dass sie ihr Augenmerk auf Jungs richten, die keine guten Angewohnheiten entwickeln. Sie sind vielleicht noch zu unreif, um diesen Aspekt zu schätzen. Wie auch immer, eines steht trotzdem fest: Jungen mögen wirklich jemanden, der ihr Freund ist. Es mag sein, dass sie sich zunächst körperlich zu einem Mädchen hingezogen fühlen, aber wenn dieses nicht irgendwann auch zu einer Gefährtin, einem Freund oder Kumpel wird, dann hält diese Beziehung nicht lange. In meinem letzten Buch „Die Wahrheit über Jungen"[8] *habe* ich bereits einige Gründe aufgeführt, warum wir Freunde mögen:

◎ Freunde sind ehrlich zu dir, weil du ihnen wichtig bist.
◎ Du bist deinen Freunden wichtig, auch wenn sie deine Schwächen kennen.
◎ Freunde rufen dich an, um zu hören, wie es dir geht und nicht nur, was du gerade machst.
◎ Freunde wissen, wenn es dir nicht gut geht. Sie sind dann für dich da und hören dir zu. Sie erwarten nicht, dass sie danach noch mit dir herumknutschen können.
◎ Freunde versuchen nicht, in jeder Situation das Beste für sich selbst herauszuholen.

◎ Wahre Freunde stellen deine Bedürfnisse über ihre eigenen Wünsche.

Wenn du kein guter Freund bist, wie willst du dann bei etwas
anderem besser sein? Du kannst keine Beziehung mit jemandem haben, wenn du nicht auch ein Freund bist. Die Grund-
lage jeder Freundschaft besteht darin, dass dir der andere
wirklich wichtig ist. Vernünftige Jungen wünschen sich so etwas. Denn dies ist nicht nur die Basis jeder guten Beziehung,
es ist auch mit sehr viel Spaß verbunden. Wenn dann mehr als
Freundschaft daraus wird, dann hast du eine Beziehung, die
von Anfang an auf einem festen Fundament steht. In solchen
Fällen ist das Ergebnis meistens sehr erfreulich. Du kannst
dich besser schützen, mehr über das andere Geschlecht erfahren, authentische Beziehungen haben und wirst wahrscheinlich auch mehr lachen.

Jungs und Mädchen sind verschieden, so einfach ist das.
Freundschaften sorgen dafür, dass die Waffeln die Spaghetti
besser verstehen und umgekehrt. Das sagt sich so leicht, aber
es ist eine Lebensaufgabe, diese Erkenntnis wirklich umzusetzen. Du kannst es als eines von Gottes großen Geheimnissen
bezeichnen, und das Ganze ist wirklich echt geheimnisvoll,
oder? Falls meine beiden Kumpel Joe und Chris (die mit dem
Uterus im großen Zeh) diese Zeilen hier lesen, dann sollen sie
wissen, dass sie nicht die einzigen „Jungs mit einem Uterus"
sind. Aber sicher lernen sie gerade Schritt für Schritt, dass es
auch noch die andere Seite der Welt gibt: die Mädchenseite.
Sie interessieren sich für diese Seite, die besser riecht und
mehr über Gefühle spricht. Als Erstes dürfte ihnen auffallen,
dass Mädchen anders sind. Das ist faszinierend, das macht
Spaß, das ist ganz normal.

Gott hat uns Jungen und Mädchen unterschiedlich erschaffen. Er möchte, dass wir diese Unterschiede verstehen. Und zwar aus diesem Grund: Je mehr Mühe wir uns geben, einander zu verstehen, desto besser können wir Gott verstehen, und davon profitieren wir alle.

So wie Jungs immer Jungs sein werden, so solltest du immer ein Mädchen sein.

Wie gut kennst du dich mit Jungs aus?

1. Welche Aussage stimmt?
a) Jungen essen gerne Waffeln.
b) Jungengehirne sind wie Waffeln.
c) beides

2. Wie viele Dinge kann ein Junge gleichzeitig tun bzw. auf wie viele Themen kann er sich gleichzeitig konzentrieren?
a) keines
b) eines
c) entweder a) oder b)

3. Was ist vernünftigen, respektvollen Jungs in einer Beziehung am wichtigsten?
a) die körperliche Anziehung
b) gemeinsame Interessen
c) Freundschaft

Richtige Antworten:
1 = c, 2 = c, 3 = c

Kapitel 5

Nur Tofu essen ist auch keine Lösung

Chad, pass auf, was du sagst ...

Was? Das ist nicht dein Ernst! Du hast ein Kapitel über Mädchen und ihre Gesundheit und ihr äußeres Erscheinungsbild geschrieben? Jawohl, das habe ich, und ich kann dir auch den Grund dafür nennen, eigentlich sind es sogar mehrere Gründe. Die Fälle von Schönheitschirurgie an Jugendlichen nehmen jedes Jahr exponentiell zu, doch das allgemeine emotionale Wohlbefinden der Jugendlichen zieht da nicht mit. 75 Prozent aller Mädchen im Teenie-Alter gaben an, dass sie gerne mindestens ein Körperteil operativ ändern ließen.[9] Ich bin überzeugt, dass die Anzahl der unzufriedenen Mädchen im gleichen Maß zugenommen hat, wie ihre Lebensfreude abgenommen hat. Ich könnte dir noch tausend andere Fakten nennen, die dich erschrecken würden, aber lieber stelle ich dir eine Frage:

Weißt du, was das Wort *gesund* bedeutet?

In der Bibel finden wir eine großartige Erklärung: „Wisst ihr nicht, dass euer Leib ein Tempel des Heiligen Geistes ist, der in euch wohnt? Gott hat euch seinen Geist gegeben und ihr gehört nicht mehr euch selbst. Er hat euch freigekauft und als sein Eigentum erworben. Macht ihm also Ehre an eurem Leib!" (1. Korinther 6,19–20).

Hast du Angst, dass ich dir jetzt rate, mehr Sport zu machen und abzunehmen? Das tue ich ganz sicher nicht. Ich habe keine Lust, mir Ärger einzuhandeln. Ich würde mich gar nicht trauen, über so etwas zu schreiben.

Es besteht kein Zweifel, dass Jungs gesunde Mädchen mögen – und zwar nicht nur solche, die körperlich gesund sind, sondern die auch geistig, geistlich und sozial gesund sind. Aber du solltest nicht wegen der Jungs eine gesunde Lebenseinstellung haben, sondern um deiner selbst willen. Du wirst dich besser fühlen, besser aussehen und dein Selbstbewusstsein wird gestärkt.

Wenn du eine gesunde Persönlichkeit werden möchtest, dann sieht der erste Schritt auf diesem Weg so aus: Mach dir erst mal Gedanken darüber, was *gesund sein* überhaupt bedeutet:

◎ Was bedeutet *gesund sein* für dich?

_____

◎ Warum will Gott wohl, dass wir gesund werden? Was meint er damit?

_____

◎ In welcher Hinsicht bist du schon gesund?

_____

Bei Gesundheit geht es nicht ums gute Aussehen

Eine gesunde Lebenseinstellung hängt zum Großteil von einer gesunden Selbsteinschätzung ab. Ich habe gerade gelesen, dass Teenager im Jahr 2007 fast 280 Milliarden Dollar für unnütze Dinge ausgegeben haben.[10] Viele Dinge haben damit zu tun, dass Teenager ein gestörtes Selbstbild haben. Tatsächlich werden die meisten dieser Vorstellungen künstlich erzeugt und in den Medien verbreitet, damit ihr eure eigene Unzulänglichkeit erkennt, euch schlecht fühlt und alle diese Produkte kauft, die euch versprechen, gut auszusehen und euch besser zu fühlen. Genau das bewirken aber die von euch gekauften Dinge gerade *nicht*.

Es ist schon erstaunlich, was die Menschen alles mit ihrem Körper anstellen, um „schön" zu sein. In Afrika lassen sie sich die Lippen verkleinern, in Korea die Augen vergrößern und in Indien die Haut aufhellen. Nicht nur in Amerika gibt es diesen sozialen Druck, auf eine ganz bestimmte Weise gut auszusehen. Dieser Druck bringt manche Leute dazu, extreme Maßnahmen zu ergreifen, um diesem „Ideal" zu genügen.

Ist es eine gute Idee, bestimmte Dinge nur deshalb zu tun, damit andere Leute, insbesondere Jungs, dich mögen? Dazu von mir ein klares *Nein*. Es ist ganz natürlich, sich zu wünschen, gemocht zu werden, aber es kommt darauf an, wie man mit diesem Wunsch umgeht. Es ist eine schlechte Idee, sich komplett neu zu erfinden, damit die anderen einen mögen.

Das Gegenteil ist viel besser. In der Regel ist es besser, wenn die Leute dich mögen, weil du einfach so bist, wie du sowieso schon bist.

Schau dir einmal all das an dir an, was schon gesund ist. Den Anfang hast du mit den Fragen weiter oben gemacht. Nimm dir jetzt ein Notizbuch und lege eine Liste an, die du nach und nach erweitern kannst. In diese Liste gehören wichtige Dinge und Kleinigkeiten, alberne und seltsame Sachen und vieles, was dir heute noch gar nicht auffällt. Schreibe die Dinge auf, die dir einfallen, und schau dir diese Liste hin und wieder an. Auf diese Weise wirst du immer wieder daran erinnert, was an dir positiv und gesund ist. Und mit der Zeit wirst du feststellen, was für eine gesunde Persönlichkeit du geworden bist!

Du hast gerade erst angefangen dich zu entwickeln, und du hast jede Menge Spielraum, in dem du neue Seiten an dir erkennen kannst. Versuch mal, dich auf deine positiven Eigenschaften zu konzentrieren. Sag Ja zu diesen Eigenschaften. Ich habe festgestellt, dass die Leute gerade so manche alberne Seite an mir mögen. Wenn du dein Augenmerk stärker auf die positiven und weniger auf die negativen Seiten richtest, passiert etwas Merkwürdiges: Du fängst an, ein gesünderes Selbstbild zu entwickeln.

Deine Schönheit

Eine Wahrheit über Jungs: Die Mehrheit möchte sich von einem Mädchen körperlich angezogen fühlen, aber das heißt *nicht*, dass du jetzt aussehen musst wie die Mädchen im Fernsehen oder in den Zeitschriften. Nur weil du hörst, wie sich ein paar Jungs darüber unterhalten, wie „scharf" ein bestimmtes Mädchen aussieht, heißt das nicht, dass du genauso wie dieses Mädchen sein solltest. Wirklich zufrieden ist viel besser, als „scharf" zu sein. Zufriedenheit ist ansteckend, Scharfsein zwar auch, aber eher wie eine Grippe. Schönheit basiert auf Zufriedenheit und Lebensfreude, und das fängt in deinem Inneren an. Dafür brauchst du keine schicken Klamotten.

Deine Schönheit zeigt sich nicht nur in deinem Gesicht. Die meisten Werbeanzeigen präsentieren nur das Gesicht einer Frau, und wenn doch mehr zu sehen ist, dann meistens auch nur ganz gewisse Teile ihres Körpers. Aber nur weil die Zeitschriften das so machen, stimmt das noch lange nicht. Schönheit umfasst sehr viele Aspekte. Lass uns mit etwas anfangen, das wir nicht sehen, aber mit unserem Herzen spüren können.

Dein Geist

Deine Beziehung zu Gott steht über jeder anderen Art von Schönheit. Wenn du diese Beziehung pflegst, dann ist das wie eine Feuchtigkeitscreme für Herz und Seele. Das berührt alle anderen Aspekte deiner Persönlichkeit. Du könntest das hübscheste Mädchen der Welt sein, aber du wirst nie deine wahre Schönheit zeigen können, wenn du Gott nicht erlaubst, dich mit seiner Wahrheit und Liebe zu erfüllen.

Du kannst deshalb ein positives Bild von dir haben, weil Gott ein positives Bild von dir hat. Du musst dieses Bild nur entdecken. Gottes Meinung über dich zählt mehr als die Meinungen aller Jungs zusammen. Wenn du darauf vertraust, dann setzt du auf jemanden, auf den es wirklich ankommt. Auf diese Weise kannst du die ersten Schritte zu einem positiven Selbstbild machen.

Dein Lebensstil

Dein Lebensstil umfasst alles, was du mit deinen Freundinnen und deiner Familie machst, und die Dinge, für die du dich interessierst. Manche Leute haben einen ganz einfachen und ausgeglichenen Lebensstil. Andere haben eine ziemliche Schieflage. Verbringst du vielleicht deine komplette Zeit nur mit deinen Freundinnen oder nur mit deinem Freund oder vielleicht mit der Schule oder mit Volleyball? Es ist auf jeden Fall wichtig, ein Gleichgewicht zwischen diesen verschiedenen Aktivitäten zu finden, und das ist nicht nur im Teenageralter so. Denk immer daran: Viele von den Mustern, die wir uns als Jugendliche angewöhnen, begleiten uns noch eine lange Zeit.

Wie verbringst du deine Zeit?

1. Wo bist du meistens mit deinen Gedanken?
a) bei dem, was heute anliegt
b) bei deinem Freund oder dem Jungen, in den du verliebt bist
c) bei Plänen, wie du dein Aussehen verbessern kannst

2. Wie viel Zeit verbringst du mit Gott?
a) jeden Tag ein bisschen
b) wenn es dir nicht gut geht
c) wenn du mal Zeit hast oder gerade an ihn denkst

3. Es ist Samstagnachmittag. Dein Vater teilt dir voller Freude mit, dass er für die ganze Familie Karten fürs

Theater gekauft hat. Leider hast du dich aber schon mit deinem Freund verabredet, um ins Kino zu gehen. Und eigentlich müsstest du auch noch für die Klausur lernen, die du am Montag schreibst. Wie entscheidest du dich?

a) Du gehst mit deiner Familie ins Theater und bleibst danach ausnahmsweise ein bisschen länger auf, um noch zu lernen.

b) Du erzählst deinem Vater von der Verabredung und dass es nicht richtig wäre, sie jetzt einfach abzusagen.

c) Du bleibst zu Hause und lernst.

Jetzt zähle deine Punkte zusammen:
Für a) gibt es jeweils 3 Punkte, für b) 2 und für c) 1.

Dein Ergebnis:

8–9 Punkte:
Du teilst dir deine Zeit vernünftig ein. Gott, deine Familie und deine eigenen Aktivitäten befinden sich offenbar in einer guten Balance.

5–7 Punkte:
Vorsicht! Du neigst vielleicht zum Klammern. Deine Zeiteinteilung dreht sich zu sehr um Jungs. Brauchst du die Aufmerksamkeit eines Jungen, um dich gut zu fühlen?

Ob bei den Zutaten zu einem Kuchen oder bei der Auswahl deiner Freundinnen – auf das richtige Gleichgewicht kommt es an. Zu viel oder zu wenig von einer Sache lässt sich immer ausgleichen, sodass du die nötige Balance für dein Leben findest. Ein gutes Gleichgewicht ist ein treuer Begleiter, erst recht, wenn du dieses kleine Geheimnis schon früh im Leben verstehst.

Dein Herz

Hier sind zwei Wörter, die auf Jungs eine besondere Anziehungskraft haben: Sanftheit und Mitgefühl. Ich meine damit nicht nur, dass du nett sein sollst. Es geht vielmehr darum, innerlich Jesus immer ähnlicher zu werden, so wie es in der Bibel beschrieben wird. Das bedeutet nämlich, von Freude und Frieden erfüllt zu sein. Beides fließt durch deine Adern und durchströmt jede Faser deines Körpers. Das Ergebnis findet sich in all diesen Aufzählungen wieder, die bei Hochzeiten verlesen werden: „Die Liebe ist geduldig und gütig. Die Liebe eifert nicht für den eigenen Standpunkt, sie prahlt nicht und spielt sich nicht auf. Die Liebe nimmt sich keine Freiheiten heraus, sie sucht nicht den eigenen Vorteil. Sie lässt sich nicht zum Zorn reizen und trägt das Böse nicht nach. Sie ist nicht schadenfroh, wenn anderen Unrecht geschieht, sondern freut sich mit, wenn jemand das Rechte tut. Die Liebe gibt nie jemand auf, in jeder Lage vertraut und hofft sie für andere; alles erträgt sie mit großer Geduld" (1. Korinther 13,4–7). Ich habe mit den beiden Begriffen Sanftheit und Mitgefühl angefangen, weil Jungs auf diese Begriffe wie auf keine anderen reagieren.[11] Das haben Untersuchungen unter männlichen Jugendlichen ergeben, bei denen festgestellt werden sollte, welche Eigenschaften sie an Mädchen besonders schätzen. Jungs sind diese beiden Eigenschaften wichtiger als gutes Aussehen, Humor oder dergleichen. Lass uns mal einen normalen, gut gelaunten, süßen und gesunden Jungen anschauen. Im ersten Moment mag er sich vom schärfsten Mädchen der Welt angezogen fühlen, aber wenn sie ihn lieblos, egoistisch und herrschsüchtig behandelt, wird es damit schnell wieder vorbei sein. Je älter und reifer er wird, desto mehr wird er diese Charakterzüge verachten und stattdessen von Eigenschaften wie Sanftheit und Mitgefühl angezogen werden.

Körperliche Schönheit mag vergehen, aber ein gut entwickeltes Herz kann dazu beitragen, dass eine Beziehung ein Leben lang hält. Je mehr du dich mit den Angelegenheiten des Herzens – deines Herzens – beschäftigst, desto mehr setzt du dein Vertrauen auf etwas, das dauerhaft deine Anziehungskraft erhöht, und desto gesünder wird deine Persönlichkeit sein.

Schatz oder Beute?

Das hörst du sicher nicht zum ersten Mal, aber es stimmt einfach: Wahre, natürliche Schönheit ist niemals aus der Mode. Ich will nicht so tun, als hätte ich den totalen Durchblick in der Welt der Mädchen und Mode – dafür gibt es einfach viel zu viele Farben, Muster und Schnitte. Ich erkläre dir mal, wie uns Jungs sich die Sache darstellt.

Stell dir vor, du und deine Kleidung wärt ein Werbeanzeigenmotiv. Wofür würdest du Werbung machen? Wirbst du für etwas Entspanntes, Gemütliches, Süßes oder Normales? Oder wirbst du für etwas ganz anderes? Vielleicht hebt die Anzeige deinen Bauch hervor oder deinen gesamten Körper, vielleicht auch nur deine Beine oder deinen Busen? Lenkt deine Anzeige die Aufmerksamkeit zuerst auf deinen Körper oder auf die Person, die in ihm steckt? Stell dir vor, du wärest eine wandelnde Reklametafel, und vergewissere dich, dass du die Botschaft kennst, die du vermittelst.

Der perfekte Körper

Die Art und Weise, wie du mit deinem Äußeren umgehst, sendet starke Signale aus. Sie zeigen, wie du zu dir selbst stehst. Dein Traumkörper lässt sich nicht am Gewicht ablesen. Er hat nichts mit den Fotos zu tun, die auf den Titelblättern der Zeitschriften zu sehen sind. Er zeichnet sich dadurch aus, wie wohl du dich in deiner Haut fühlst. Dein Körper wird umso attraktiver auf andere wirken, je wohler du dich mit ihm fühlst. Dein Körper ist ein Geschenk. Dir kommt das sicher oft gar nicht so vor, und vielleicht würdest du mir jetzt am liebsten eins überziehen, weil ich das einfach so sage. Aber ich bin ja auch ein Junge. Ich habe mir noch nie Gedanken über zu breite Hüften oder so was gemacht. Doch ich weiß, dass unsere Körper ein Geschenk Gottes sind. Er möchte, dass wir respektvoll mit ihnen umgehen. Davon bin ich überzeugt.

Wie geht es dir mit deinem Körper? Du musst diese Frage nicht laut beantworten. Aber du solltest wissen, dass viele Mädchen heutzutage Mühe haben, ihren Körper anzunehmen. Es hat den Anschein, dass alle glauben, es gäbe das perfekte Aussehen, dem sie sich alle irgendwie anpassen müssen. Das ist nur ein Gerücht! Den perfekten Körper gibt es nicht. Wenn man sich das Fernsehen und die Modemagazine anschaut, könnte man es fast glauben. Aber die existieren beide nur, um dich dazu zu bringen, bestimmte Produkte zu kaufen. Also schalt den Fernseher aus, wirf die Zeitschriften ins Altpapier und höre auf die Wahrheit und die Realität. 89 Prozent aller Jungen fühlen sich von verschiedenen Mädchentypen angezogen.[12] Damit ist nicht nur der Unterschied zwischen Blondinen und Brünetten gemeint. Es geht um ganz unterschiedliche Körperformen, Gewichte, Gesichtszüge, Größen usw. Das ist eine ganz wichtige Feststellung über uns Jungs. Die solltest du dir richtig klarmachen! Es gibt so viele Jungs, und sie bevorzugen alle verschiedene Typen. Die meisten Jungs wollen kein dürres Model mit einem tollen Gang. Im Kino oder im Haus deines Freundes würde ein solcher Gang sowieso komisch aussehen. Die meisten Jungs mögen einen ganz normalen Gang. Viele von ihnen haben schnell die Nase voll von Mädchen, die nur mit ihrem Aussehen beschäftigt sind, und ziehen ein gesundes Mädchen vor. *Gesund* heißt, dass ein Mädchen einfach sie selbst ist und nicht versucht, wie jemand anderes auszusehen. Wenn ich Jungs danach frage, wie ein Mädchen aussehen soll, höre ich fast immer diese

Antwort: „Sie soll sich einfach nicht wegen ihres Aussehens verrückt machen und immer ‚Tonnen von Stunden‘ brauchen, bis sie fertig ist. Ich mag Mädchen, die einfach entspannt mit ihrem Aussehen umgehen. Das ist viel attraktiver als alles andere.“ Ich bin mir nicht sicher, ob es „Tonnen von Stunden“ gibt, aber den Rest der Aussage kann ich voll unterschreiben, genau wie die meisten anderen Jungs auch.

Geh mal spazieren

Du willst etwas für deine Gesundheit tun? Dann geh mal eine Runde spazieren. Im Ernst. Das bewirkt mehr, als du denkst.

In einer neueren Untersuchung wurden Leute in zwei Gruppen aufgeteilt. Die eine ging 30 Minuten spazieren, die andere hat sich 30 Minuten ausgeruht. Beide fühlten, wie Stress und Anspannung nachließen, aber nur die Gruppe, die unterwegs war, empfand ein insgesamt wohligeres Gefühl. Gehen hilft nachweislich gegen Depressionen und Gefühle der Niedergeschlagenheit. In mehr als 50 Prozent der untersuchten Fälle war das so. Damit ist Spazierengehen effizienter als das beste Medikament gegen Depressionen. Genau genommen ist die Erfolgsquote doppelt so hoch, als sie überhaupt je bei einem Medikament gegen Depressionen nachgewiesen werden konnte. Der Geist folgt dem Körper in vielerlei Hinsicht. Wenn du dich sportlich betätigst, selbst wenn du nur spazieren gehst, schüttet dein Körper Dopamin aus, ein natürliches Hormon, das deine Stimmung reguliert und für Glücksgefühle verantwortlich ist.

Gemäßigter Sport hat nachweislich eine positive Wirkung auf das Selbstwertgefühl, lindert Depressionen, hilft gegen Angst und verbessert die Stimmung. Zu viel Sport bewirkt genau das Gegenteil. Wenn du zu wenig isst, zerstörst du deinen Körper, zuerst innerlich und dann auch äußerlich. Also versteh mich bitte nicht falsch. Um ein gesundes Leben zu führen, ist es wichtig, dass du jeden einzelnen Bereich deines Lebens auf eine gesunde Art behandelst.

Das Gesundheitsministerium empfiehlt Sport in einer gesunden Dosierung. Sport hat in gleichem Maße mit deiner körperlichen Fitness und deinem emotionalen Zustand zu tun. Hier einige aktuelle Empfehlungen[13]:

- Körperliche Betätigung ist für Kinder und Jugendliche von besonderer Bedeutung, da sie sich positiv auf die Gesundheit auswirkt (verbesserter Kreislauf, Blutdruck, Gewicht, kognitive und emotionale Vorteile).
- Nur 28 Prozent aller Schüler der Klassen 9 bis 12 nehmen täglich am Sportunterricht teil.
- Erwachsene über 18 Jahre benötigen 30 Minuten körperliche Betätigung an mindestens fünf Tagen der Woche, um gesund zu bleiben; bei Kindern und Jugendlichen sind es 60 Minuten täglich.
- Schon kleine Einheiten körperlicher Aktivität haben klar erkennbare Auswirkungen (z. B. 30 Minuten zügiges Gehen, Gartenarbeit, 15 Minuten Laufen, 45 Minuten Volleyball spielen).
- 30 bis 60 Minuten täglich in Einheiten von 10 bis 15 Minuten haben bereits deutliche Auswirkungen.
- Eine gemäßigte tägliche körperliche Aktivität verringert drastisch die Wahrscheinlichkeit einer Herzerkrankung, Diabetes und gewisser Krebserkrankungen, zum Beispiel Darmkrebs.
- Tägliche körperliche Betätigung senkt den Blutdruck und

den Cholesterinspiegel, beugt Osteoporose vor und hilft gegen Fettleibigkeit, Angstzustände, Depression und Arthritis.

Du bist, was du isst

Dein Körper ist da wie dein Verstand: Es kommt darauf an, was du hineinsteckst.

80 Prozent aller 12-Jährigen machen irgendeine Diät.[14] Das ergibt keinerlei Sinn. Eine Diät in der Wachstumsphase stört die Entwicklung und kann schädlich sein. Diäten sind schlecht, ein richtiger Lebensstil ist gut. Ein Freund von mir, der in der Gesundheitsbranche arbeitet, hat mir verraten, dass 95 Prozent aller Diäten auf lange Sicht scheitern. Und wer macht schon gerne eine Diät?

Kleine Veränderungen in deiner täglichen Ernährung haben große Auswirkungen auf dein Aussehen und deine Gesundheit. Vielleicht mal Gemüse statt Chips, Wasser statt Limo – das kennst du alles schon, oder? Aber es ist auch etwas Wahres daran. Deine Ernährung wirkt sich nicht nur auf deinen Körper, sondern auch auf deine Gefühle und deinen Geist aus. Das Gute an der Sache: Gesunde Ernährung ist gerade „in". Was immer das auch heißen mag – es ist auf jeden Fall eine gute Sache.

Gedankenfutter: Mädchen, die sich oft wiegen, neigen viel eher dazu, Diätpillen und Abführmittel zu schlucken, Essen auszulassen, sich zu betrinken und zu übergeben. Das ergab eine Studie einer amerikanischen Universität.[15]

Schlaf

Schlafmangel beeinträchtigt deinen Charakter, deine Haut, dein Haar und deine Fähigkeit, wach zu bleiben und dieses Buch zu lesen. Viele Teenager schlafen viel zu wenig. Ich weiß natürlich, wie wichtig es ist, nachts länger wach zu bleiben und stundenlang sinnlose SMS zu verschicken. Aber versuch trotzdem, ein bisschen mehr Schlaf zu bekommen. Die wichtigsten Neuigkeiten aus deinem Freundeskreis wirst du wohl kaum verpassen. Dafür wirst du dich aber garantiert ein bisschen frischer fühlen und besser durch den Tag kommen. Studien empfehlen, dass Jugendliche mindestens acht, besser noch neun Stunden täglich schlafen sollten. Du möchtest doch nicht eines Tages in der Schule mit dem Kopf auf dem Tisch liegen und schlafen, während dir die Spucke aus dem Mund läuft – so was ist echt eklig. Ich weiß, wovon ich rede. Jemand könnte das fotografieren und dich noch Jahre später damit aufziehen. Ich will dich nur warnen. Das hat nichts mit mir und meinem Kumpel Nick zu tun.

Entspannung ist angesagt!

Darauf läuft der ganze Gesundheitskram im Grunde hinaus: Entspann dich und sieh den Dingen gelassen entgegen. Es geht schließlich um deine Gesundheit und um einen ausgeglichenen Lebensstil. Gib auf dich acht. Damit meine ich: Gib auf *dich* acht, nicht auf dein Image.

Wenn du dir Mühe gibst, gut auf dich aufzupassen, dann verändert das alles.

Wenn ein Mädchen auf sich acht gibt, zeigt es damit, dass es sich selbst mag. Es zeigt, dass es sich selbst respektiert und als wertvoll erachtet. Mach dir bewusst, wer du bist, ohne zu selbstbewusst zu sein. Vergiss nicht, dass Gesundheit ein Lebensstil ist und nicht darin besteht, sich selbst verrückt zu machen oder einen bestimmten Aspekt überzubetonen.

Mir gefällt die Musik von Norah Jones. Sie hat so etwas Friedliches und ich mag Klavierjazz. Es wäre eine Schande gewesen, wenn sie lieber ein Model geworden wäre, statt die Talente zu nutzen, die Gott ihr gegeben hat. Dasselbe lässt sich über tausend andere Leute sagen, die ich kenne, und es trifft auf jedes Mädchen auf diesem Planeten zu. Die Welt braucht dich so, wie du bist. Gott ist dann zufrieden mit dir, wenn du einfach du selbst bist. Wir brauchen ruhige, geschwätzige, schlaue, hübsche, geistreiche, leidenschaftliche, künstlerische, große und kleine Mädchen. Mädchen, die schreiben können, die Grundschullehrerinnen oder Ärzte sind und so weiter. Es gibt genug Platz für jede und für jeden Typ von Mädchen. Wenn du die Gaben, die Gott dir gegeben hat, zu schätzen lernst, dann werden auch andere sie schätzen. Wenn du diese Gaben einsetzt, dann bist du meiner Meinung nach ein Zeugnis für Gott. Wenn du diese Dinge zu schätzen weißt, dann wirst nicht nur du selbst ein attraktiverer Mensch sein, sondern das gilt auch für die Welt und die Menschen um dich herum. Das Schöne in anderen zu sehen, ist ein Schlüssel zum Erkennen der eigenen Schönheit.

Du kannst nicht schöner werden, ehe du nicht deine eigene Schönheit erkennst. Du bist anders als alle anderen weiblichen Wesen auf diesem Planeten, und trotzdem habt ihr alle dieses Faible für Schuhe. Und doch bist du anders. Du hast Seiten an dir, die jemand lieben, ehren und genießen möchte. Hast du schon mal darüber nachgedacht, dass du eines Tages die Schönheit in Person für einen ganz bestimmten Glückspilz sein wirst? Für ihn wirst du zum Maßstab der Schönheit.

Deshalb solltest du vorher selbst deine eigene Schönheit, mit der du erschaffen wurdest, erkennen und verstehen.

Noch eine Sache: Hör auf, von „Jungen" zu reden! Wieso der Plural? Was hast du davon, wenn dich hundert Jungen mögen oder dreißig oder zehn? Ganz einfach: gar nichts. Denk lieber an den „richtigen Jungen", nicht an Jungs allgemein. Es gibt jede Menge verschiedene Jungs, und es ist nicht deine Aufgabe, dass alle dich anziehend finden. Wenn du dich auf dein eigenes Bild von dir konzentrierst, auf deine eigenen Vorstellungen und Werte, dann wirst du irgendwann den richtigen Jungen anziehen. Das ist unendlich wichtiger, als einfach nur irgendwelche Jungs auf dich aufmerksam zu machen.

Ich könnte darüber ein ganzes Buch schreiben, aber ich versuche mal, mich kurz zu fassen. Ein Mädchen gewinnt an Attraktivität, wenn sie optimistisch und voller Freude ist und wenn sie Gottes Schönheit an vielen verschiedenen Stellen erkennt. Gesundheit beginnt im Inneren und verwandelt uns dann immer mehr. Schönheit bedeutet: Du lernst immer mehr zu schätzen, wie Gott dich geschaffen hat.

Na, das war doch gar nicht so schlimm, oder? Ich habe auch niemandem empfohlen, eine Diät zu machen, und hoffentlich zieht mir auch niemand eins über für das, was ich geschrieben habe – obwohl das immerhin auch eine Art der körperlichen Betätigung wäre.

Kapitel 6

Zickenalarm

Niemand kann für längere Zeit zwei Gesichter haben – eines für die Zeit, wenn man allein ist, und eines für die Masse –, ohne am Ende selbst nicht mehr zu wissen, welches das wahre ist.
Nathaniel Hawthorne

Wenn du nur süße und liebe Mädchen kennst, dann brauchst du dieses Kapitel nicht zu lesen. Wenn es dir aber wie den meisten Mädchen geht, dann weißt du, dass auch die Welt der Mädchen manchmal ganz schön hart sein kann – insbesondere, wenn eine ganz bestimmte Art von Mädchen darin vorkommt: die Zicke. Manche Mädchen haben eine regelrechte Zickenwissenschaft daraus gemacht. Zicken gibt es nicht nur in deiner Schule, in deiner Jugendgruppe oder in deinem Bundesland. Es gibt sie überall und sie sind real. Vor kurzem war ich in Georgia, und dort erzählten mir ein paar Teenager von einer neuen Masche, mit der einige Mädchen und sogar Mütter auf „höfliche Weise gemein" sind: Sie sagen einfach etwas Schlechtes über jemanden und fügen sofort etwas Nettes hinzu. Offenbar kann man mit diesem Trick so gemein sein, wie man will, solange man den Satz nur mit etwas Positivem beendet.

Vielleicht hast du das selbst schon mal erlebt: Du oder eine Freundin hat etwas Schlechtes über ein anderes Mädchen gesagt und es dann ergänzt mit: „Aber ihre neue Frisur steht ihr gut." Oder: „Aber sie zieht sich wirklich gut an." Schlecht reden, Leute runtermachen, beleidigen, grausam und lieblos sein, nörgeln, neidisch sein oder Vorbehalte haben – das läuft alles auf dasselbe hinaus: gemein sein.

Wir können das hinter einer schönen Fassade verstecken, aber diese Angewohnheiten fügen trotzdem anderen Schaden zu. Das Sonderbare am Zickenverhalten ist: Viele verhalten sich so, aber niemand möchte, dass mit ihr oder ihm so umgegangen wird.

Immer wieder höre ich von Jugendlichen, vor allem von Mädchen, wie schwierig es ist, mit einer Zicke umzugehen. Die Menschen haben dieses Problem seit ewigen Zeiten. In der Bibel werden wir an verschiedenen Stellen daran erinnert, wie wir reden sollen. Paulus schreibt zum Beispiel: „Lasst ja kein giftiges Wort über eure Lippen kommen! Seht lieber zu, dass ihr für die anderen, wo es nötig ist, ein gutes Wort habt, das weiterhilft und denen wohltut, die es hören" (Epheser 4,29). Kannst du dir vorstellen, wie es auf der Welt aussähe, wenn die Menschen wirklich versuchen würden, diesem Rat zu folgen?

Es ist ganz einfach, jemanden mit Worten fertigzumachen, und wir tun es nur allzu oft. Doch Gott möchte, dass wir einander ermutigen und aufbauen, dass wir einander lieben und ertragen. Wenn du lernst, dies umzusetzen, ist das unendlich wertvoll für dein gesamtes Leben. Aber genauso wichtig ist es, den richtigen Umgang mit gemeinen Menschen zu lernen.

Was ist eine Zicke?

Die Wahrheit ist ganz einfach: Jungs mögen Mädchen, die *keine Zicken* sind! Einfacher geht's nicht, oder? Mit Zicken meine ich nicht nur Mädchen, die gemein zu anderen Mädchen sind, wie man das aus unzähligen Teenie-Filmen kennt, in denen die einen gegen die anderen intrigieren. Gemein sein beinhaltet noch eine ganze Menge mehr. Manche Mädchen gewöhnen sich eine gemeine Einstellung an, weil sie meinen, damit mächtiger zu werden, andere kontrollieren zu können und ihr Selbstbewusstsein zu stärken. Und das finden Jungs nicht gerade toll – vernünftige Jungs zumindest. Hast du in deinem Umfeld auch diesen einen Jungen, der nicht einmal den Flur entlanggehen kann, ohne sich wie ein Idiot anderen gegenüber zu benehmen? Würdest du mit dem gerne deine Freizeit verbringen? Wohl kaum. Mädchen mögen es nicht, wenn Jungen gemein sind. Das erzählen sie mir ständig. Aber weißt du was? Wir Jungs mögen es auch nicht, wenn Mädchen gemein sind.

Viele Mädchen spielen die Zicke, weil sie denken, sie hätten dadurch einen Vorteil. Vielleicht halten sie unverschämtes Benehmen für ein Zeichen von Selbstsicherheit. Oder es gefällt ihnen, lauthals ihre Meinung zu sagen, ohne auf jemanden Rücksicht zu nehmen. Vielleicht drehen sie sich so sehr um sich selbst, dass sie gar nicht mehr merken, wie sie eigentlich auf andere wirken. (Das kommt häufig vor.) Welches auch immer der Grund ist: Solch ein Verhalten ist schlecht und bringt dich nicht weiter, sondern schadet nur deinem Charakter. Lass uns das mal genauer anschauen.

Die Oberzicke

Jungs und Mädchen haben verschiedene Bewältigungsstrategien, sie gehen anders mit Dingen um. Jungen sind aufgabenorientiert, d. h., wir suchen immer nach einer Lösung für eine bestimmte Aufgabe. Auch Mädchen liegen manchmal im Wettstreit miteinander, aber für Jungs gehört Konkurrenz ganz selbstverständlich zu ihrem Sozialverhalten. Wir *lieben* es, uns mit anderen Jungen zu messen und zu gewinnen, und das von klein auf. Dafür tun wir einfach alles; wir versuchen, schneller zu laufen, größere Gewichte zu heben, mehr Tore zu schießen als andere Jungen oder sie sonst irgendwie zu übertrumpfen. Der Unterschied, wie Jungen und Mädchen solche Spielchen spielen, lässt sich ganz gut an folgendem Vergleich darstellen (mit Spielchen meine ich Gemeinheiten, Intrigen, Hinterhältigkeiten und solche albernen Sachen): Jungen neigen dazu, einen Jungen auszustechen, um sich ihm überlegen zu fühlen; Mädchen dagegen ziehen eher einem anderen Mädchen den Teppich unter den Füßen weg, um sich selbst überlegen zu fühlen. Anders gesagt: Josh wird Richie in einer Sache übertrumpfen und sich besser fühlen; Natalie wird ein Gerücht über Megan in die Welt setzen, um sich besser zu fühlen.

Das Motiv

Hat schon mal ein Gerücht über dich die Runde gemacht? Ich schätze mal, das war keine sehr erfreuliche Erfahrung. Warum hat dich das so sehr getroffen? Sicher, Gerüchte sind gemein, ärgerlich und inakzeptabel, aber warum setzen wir so etwas überhaupt in die Welt?

Klatsch und Tratsch

Manchmal verwenden andere Menschen für ihre Gerüchte unsere wertvollsten „Ressourcen", unsere persönlichsten Angelegenheiten, und zwar gerade die Menschen, die eigentlich unsere engsten „Freunde" sind. Ist es dir schon mal passiert, dass jemand hinter deinem Rücken eine Aussage von dir so verdreht hat, dass sie eine ganz andere Bedeutung bekommen hat, und *zack* – wollten deine Freunde nichts mehr mit dir zu tun haben?

Stell dir vor – mir ist das noch nie passiert. Und warum? In erster Linie weil ich ein Junge bin und ein solches Verhalten unter Jungen sehr selten ist. Aber unter Mädchen kommt so etwas häufig vor. Viele Mädchen sind schon von einer Freundin hintergangen worden. Sie öffnen sich einem anderen Mädchen, das sie für eine gute Freundin halten. Sie vertrauen ihr ihre Sorgen und Nöte, ihre Geheimnisse und Erlebnisse an, doch dann benutzt dieses Mädchen genau diese Informationen gegen sie, erzählt sie weiter oder missbraucht das Vertrauen auf andere verletzende Art.

Auf die subtile Art

Nonverbale Kommunikation drückt mehr aus als die tatsächlich gesprochenen Worte. Vielleicht verdreht ein Mädchen die Augen, wenn du mit ihr sprichst, oder rümpft die Nase und tratscht heimlich mit den anderen Mädchen über dich. Wenn du sie dann darauf ansprichst, sagt sie nur: „Was? Tut mir leid, ich weiß überhaupt nicht, was du meinst." Du weißt genau, was sie da veranstaltet, aber niemand sonst scheint das zu bemerken, und am Ende stehst du wie eine Idiotin da.

Die kalte Schulter zeigen

Manchmal ist mir danach, meine Kumpel ein bisschen aufzuziehen, und dann spiele ich ihnen diesen kleinen Streich: Wenn sie mir eine Frage stellen, dann schaue ich ihnen direkt in die Augen und sage – nichts. Ganz genau, nichts. Sie warten dann einen Moment ab, lachen schließlich und sagen so etwas wie: „Alter, du bist echt schräg", wofür ich mich dann artig bedanke. Ich mache das nur zum Scherz, aber daran erkenne ich, dass nichts zu sagen oder zu tun manchmal eine ganz schöne Wirkung haben kann.

Mädchen machen das auch, aber die Zicke tut das nicht aus Spaß, sondern um andere zu verletzen. Vielleicht beachtet die Zicke dich nicht, wenn du sie grüßt. Vielleicht redet sie mit allen anderen, nur nicht mit dir. Sie zeigt dir die kalte Schulter, als gäbe es dich gar nicht, damit du das Gefühl bekommst, weniger wert zu sein als die anderen Mädchen. Das ist eine ganz einfache und doch sehr wirksame Taktik, weil sie darauf basiert, dass nichts passiert. Du fühlst dich unwohl und zurückgewiesen, dabei hat sie gar nichts gesagt oder getan. Das ist das besonders Frustrierende an der „kalten Schulter".

Nachgefragt

Frage: Es gibt einen Jungen, den ich nett finde und der mir auch schon gesagt hat, dass er mich nett findet, aber seine Freundin ist eine Freundin von mir. Wenn er wegen mir mit ihr Schluss macht, kann ich dann einfach mit ihm zusammen sein?

Antwort: Lass uns das Problem mal von einer anderen Seite betrachten. Wenn der Junge damit anfängt, wegen dir mit anderen Mädchen Schluss zu machen, wer garantiert dir, dass beim nächsten Mal nicht du diejenige bist, die er wegen einer anderen sitzen lässt? Diesen Fehler machen Mädchen sehr oft. Sie erkennen nicht, dass ein Junge, der seine Beziehung nicht sehr ernst nimmt und leichtfertig Schluss macht, mit großer Wahrscheinlichkeit dasselbe auch mit ihnen machen wird. Ist das die Art von Junge, mit dem du gerne befreundet wärest, von dieser Art von Beziehung ganz zu schweigen? So etwas ist häufig ein Anzeichen dafür, dass er noch nicht reif genug ist oder auch dass du es noch nicht bist, um wirklich in eine Beziehung zu investieren. Aus der Tatsache, dass 95 bis 96 Prozent aller Teenie-Beziehungen nicht von Dauer sind, kann man erkennen, dass es hier noch um etwas Wichtigeres geht als nur um deine Gefühle für einen Jungen.[16] Du musst lernen, wie man Freundschaften und Beziehungen von Grund auf so anlegt, dass sie von Dauer sind und auf Vertrauen und Anteilnahme basieren. Es wirkt nicht so, als wäre diese Beziehung darauf aufgebaut, und ich tippe mal, dass sie auch nicht gut enden würde.

Davon mal abgesehen: Es geht hier auch um deine Freundin. Manches, was in der Bibel steht, ist sehr einfach, ergibt aber extrem viel Sinn. Kennst du die *goldene Regel?* Jesus spricht die ganze Zeit von solchen Dingen. Behandle andere so, wie du selbst auch behandelt werden möchtest. Deshalb: Versetz dich doch mal in die Lage deiner Freundin. Wie würdest du dich fühlen, wenn deine beste Freundin dich hintergeht und dir den Freund ausspannt? Sicher ganz schrecklich, oder? Wieso solltest du das dann einem anderen Menschen antun? Freundschaft ist das Wichtigste in jeder Beziehung. Sie beinhaltet, dass einem das Wohlergehen des anderen am Herzen liegt. Diese Situation ist eine gute Gelegenheit für dich, das Richtige zu tun und schlechte Entscheidungen zu vermeiden, die leicht zu schlechten Gewohnheiten werden können.

Es gibt noch unzählige andere tolle Kerle da draußen, die dein Freund werden, durch ihre Ehrlichkeit Vertrauen aufbauen und sich so um dich kümmern können, wie es deinen Bedürfnissen entspricht. Du hast die Gelegenheit, auf dich selbst achtzugeben und schädlichen Freundschaften und Beziehungen aus dem Weg zu gehen. Sei stattdessen lieber die Freundin, die du selbst auch gerne hättest.

Die Wurzel des Gemeinen

Falls du dich schon mal gefragt hast, woher eigentlich diese Verhaltensweisen kommen, dann erkläre ich dir das jetzt. Man nennt das Grausamkeit, und ihr wahrer Grund liegt in Angst, Unsicherheit und Schwäche verborgen. Solch ein Verhalten ist niemals ein Zeichen von Stärke und Selbstbewusstsein, sondern von Schwäche und Unsicherheit.

Das Seltsame daran ist: Obwohl diese Gemeinheiten häufig nur unter Mädchen geschehen, beeinträchtigen sie alle deine Beziehungen, auch die zu Jungen. So etwas beeinträchtigt die Art und Weise, wie du zu dir selbst stehst, wie du dich im Innern fühlst und wie du dich in der Zukunft ganz allgemein Jungen und Mädchen gegenüber verhalten wirst. Wenn du jetzt zulässt, dass die Zicken dich beeinträchtigen, dann wirst du das auch in der Zukunft tun. Und wenn du auf gemeine Art zurückschlägst, wirst du auch in Zukunft gemein und hinterhältig sein. Tja, was soll man da jetzt machen?

Keine Angst – es gibt eine Lösung

Der Humorist Josh Billings hat einmal gesagt: „Es gibt keine bessere Rache als Vergebung." Vergeben können ist ein Zeichen von Reife und Selbstachtung. Jungen mögen Mädchen mit dieser Eigenschaft. Es ist wirklich so: Jungs mögen Mädchen, die mit Rache nichts anfangen können und sich von vornherein aus solchen Zickenkriegen heraushalten. Denn selbst wenn du diesen Krieg gewinnst, bist du immer noch eine Zicke. Wenn du dich auf das Niveau einer Zicke hinabbegibst, hast du schon verloren.

Später gewöhnen sich viele Mädchen dieses Verhalten wieder ab, wenn sie nämlich merken, dass niemand etwas mit ihnen zu tun haben will. Du kannst jetzt schon lernen, ein solches Verhalten rechtzeitig zu erkennen, und den Menschen ihre Taten im Voraus vergeben. Wenn du weißt, dass das eigentlich ein Zeichen von Schwäche ist, fällt es dir viel leichter, davon nicht so beeinträchtigt zu werden.

Gieß kein Öl ins Feuer

Wenn du dich von jemandem provozieren lässt – insbesondere vor seinen Augen, wie er es gehofft hat –, dann gießt du demjenigen Öl ins Feuer. Hör auf damit. Damit meine ich nicht, dass du etwas unterdrücken sollst; ich möchte nur, dass du deine Perspektive wechselst. Bleibe standhaft, wenn du dich eingeschüchtert fühlst. Versuche, den Leuten in die Augen zu sehen, wenn du mit ihnen sprichst. Das ist der beste Weg, ihnen zu verstehen zu geben, dass du dich nicht herumschubsen lässt. Sprich nicht zu schnell oder zu laut und wähle deine Worte gut aus. Es geht darum, deine Selbstachtung zu wahren.

Hier ein Beispiel, wie ein Mädchen einmal mit den Zicken fertig geworden ist. Es ist ziemlich eindrucksvoll:

Olivia Gardner war eine ganz normale Schülerin – zumindest bis zu ihrem epileptischen Anfall. Den nahmen ihre Mitschülerinnen zum Anlass, sie einzuschüchtern, sie zu hänseln und auf klassische Art zu schikanieren. Die nächsten zwei Jahre ihres Lebens waren einfach nur schrecklich.

Olivia litt so sehr darunter, dass sie sogar daran dachte, sich das Leben zu nehmen. Als ihre Mutter erkannte, wie groß die Probleme ihrer Tochter waren, wandte sie sich an die Medien.

Die 17-jährige Emily Buder und ihre Schwester Sarah, 14 Jahre, erfuhren auf diese Weise von Olivias Geschichte. Sie fanden eine einzigartige Lösung: Die beiden Mädchen riefen die „Briefe für Olivia" ins Leben, mit denen andere Teenager ihre Unterstützung und Solidarität ausdrücken konnten.

Nachdem sie Tausende von Briefen aus der ganzen Welt erhalten hatte, sagte Olivia in einer Fernsehshow: „Es ist ein wunderbares Gefühl, so viel Unterstützung zu erhalten. Auf jede schlechte Person in der Welt kommen 100 gute."[17]

Alles ist ein Kompliment

Eine sehr schlaue Person rät mir jedes Mal, wenn ich ihr begegne, ich solle *alles* als Kompliment auffassen. Jede Bemerkung, jeden Scherz, jede Kritik und jedes harsche Wort, das jemand an mich richtet, soll ich als Kompliment verstehen. Wenn ich genauer darüber nachdenke, wird mir klar, dass dies vielleicht einer der weisesten Ratschläge ist, die ich je bekommen habe.

Kennst du das, wenn ein Lehrer manchmal besonders streng mit einem Schüler ist, um das Beste aus ihm herauszuholen? Das machen die nicht mit jedem Schüler. Sie machen sich diese Mühe nur, wenn sie denken, dass derjenige auch wirklich ein besonderes Potenzial hat. Wenn also jemand zu dir gemein ist, dann übst du offenbar einen gewissen Einfluss auf ihn aus. Sei also nicht verletzt, sondern sieh es doch als Kompliment an, dass du auf jemanden eine solche Wirkung hast. Wenn du alles als Kompliment auffasst, wirst du viel zufriedener in deinem Leben sein – versprochen.

Sei ein Mädchen voller Mitgefühl

Denk immer daran: Egal, wie jemand sich verhält, er ist Gott genauso wichtig, wie du es bist. Es macht einen traurig mit anzusehen, wenn Menschen glauben, gemein und grausam sein zu müssen, um sich besser zu fühlen. Halte dir immer vor Augen, dass Menschen, die gemein zu anderen sind, selbst verletzt sind. Gott kann uns in diesen kurzen Momenten mit sehr viel Mitgefühl erfüllen, wenn wir es zulassen. Wenn du dir das bewusst machst und so denkst, dann kann er dein Herz, deine Worte und Perspektive auf stärkere Art verändern, als du es aus eigener Kraft je könntest – dessen bin ich mir ganz sicher.

Weißt du noch, was geschah, als Jesus und Paulus geschlagen, angespuckt und verhöhnt wurden, so wie es in der Bibel beschrieben wird? Ich kann mir vorstellen, dass sie sicher ganz schön wütend waren und sich gerne gewehrt hätten. Haben sie aber nicht. Stattdessen lesen wir immer wieder davon, dass sie voller Mitgefühl für die Menschen waren, denn sie betrachteten sie als das, was sie waren: Schafe ohne Hirten, die verloren waren und Orientierung brauchten. Wenn Jesus und Paulus so mit Menschen umgehen konnten, die mit Fäusten und Steinen auf sie einschlugen, dann schaffst du das auch mit einer Zicke.

Wahre Freunde

Ehrlich gesagt, wenn man das Ganze mal aus der Ferne betrachtet, ist das alles nur halb so schlimm. Versuch mal, deinen Horizont ein wenig zu erweitern. Es ist wichtig, dass du deine Einstellung verändern kannst. Vielleicht bist du ja einfach nur du selbst und ein anderes Mädchen mag dich nicht oder ist eben gemein. Würdest du wirklich so eine Freundin haben wollen? Eine, die dich vielleicht vernünftig behandelt, aber gemein gegenüber anderen ist? Kleiner Tipp: *Nein* ist hier die richtige Antwort. Ich verrate dir ein Geheimnis: Viel mehr Leute, als du denkst, sehnen sich nach wahren Freunden. Und das sind die Menschen, die wahrscheinlich auch selbst bessere Freunde sind. Du wirst das erst dann richtig verstehen, wenn du dir ein wenig Mühe gibst, dieses Geheimnis nachzuvollziehen, aber ich versichere dir, dass es sich so verhält.

Eine stabile Freundschaft steht so etwas durch

Sobald die Schule vorbei ist, verstreuen sich die Freundinnen der Zicken. Das kannst du mir glauben. Ich weiß nicht, wie oft ich selbst schon miterlebt habe, wie die größten Idioten und die arrogantesten Mädchen sich völlig verändern, wenn sie mit dem Studium beginnen oder eine Ausbildung machen. Dafür gibt es einen ganz einfachen Grund. Die Schule ähnelt ein bisschen einem Gefängnis. Aber sag deinen Lehrern nicht, dass du das von mir hast! Tag für Tag bist du mit denselben Leuten zusammen und wirst in eine soziale Situation gezwungen, der du nicht entkommen kannst. Du kannst dir deinen Stundenplan nicht aussuchen, und du kannst auch nicht wirklich den Leuten aus dem Weg gehen, die dich ärgern. Aber wenn du mit der Schule fertig bist, sieht's anders aus: Du musst dich nicht länger mit diesen schwierigen Leuten auseinandersetzen. Es ist ganz natürlich, dass du lieber mit Leuten zusammen bist, mit denen du dich verstehst, und den anderen aus dem Weg gehst. Und genau das führt dazu, dass die Zicken am Ende Folgendes verstehen: Echte Freundschaft besteht nicht darin, den anderen fertigzumachen, sondern ihn wertzuschätzen und zu ermutigen.

Gemeine Menschen hat es immer schon gegeben. Sogar in der Bibel kannst du lesen, wie die Leute versucht haben, mit ihnen fertig zu werden: „Ein heimtückischer Mensch sät überall Streit und ein Verleumder bringt Freunde auseinander" (Sprüche 16,28). Tratsch scheint auf den ersten Blick den Zusammenhalt zu stärken, aber das ist ein falscher Zusammenhalt, der auf Kosten anderer Menschen besteht.

Tu dir selbst einen Gefallen: Sei deiner Klasse einen Schritt voraus und fang jetzt schon damit an, stabile Freundschaften zu bauen – und zwar auf die richtige Art und Weise und nicht, indem du dich an Klatsch und Tratsch beteiligst. Das wird sich jetzt und auch später auszahlen, nicht nur mit anderen Mädchen, sondern in all deinen Freundschaften und Beziehungen. Das ist die beste Waffe gegen Menschen, die sich dir gegenüber gemein und grausam verhalten. Und außerdem: Wenn du in vertrauensvolle Freundschaften mit anderen Mädchen investierst, hältst du kindische Spielchen und Streitereien von dir fern. Wenn du an stabilen und liebevollen Freundschaften arbeitest, setzt du dich für etwas ein, dem Unsicherheiten, Eifersucht und Zicken so schnell nichts anhaben können.

Wann immer wir uns mit anderen vergleichen, führt das dazu, dass wir lieber ein bisschen mehr von diesem und weniger von jenem haben wollen. Deshalb sollten wir uns nur mit dem Bild vergleichen, das Gott von uns hat.

Sag Ja zur Ehrlichkeit

Jungs mögen diesen Trick nicht, den ich am Anfang des Kapitels beschrieben habe. Mädchen auch nicht, und du ebenfalls nicht. Im Grunde mag ihn überhaupt niemand. Gemein sein fördert nur den Hass. Nur weil du einen Satz mit etwas Positivem über eine Person anfängst, hast du nicht das Recht, mit etwas Negativem zu enden. Ein einfaches Gegenmittel gegen Tratsch ist die Frage: „Würde ich das auch sagen, wenn er oder sie jetzt hier anwesend wäre?" Oder: „Fördert oder schadet das XYs Ruf?"

Lass uns kurz zusammenfassen, worüber wir gesprochen haben. Prüfe dich beim Lesen dieser Punkte einmal selbst: Wie gut machst du dich als wahre Freundin?

- Vergeben können ist ein Zeichen von Reife und Selbstachtung. Ein vernünftiger Junge mag so etwas an einem Mädchen; er findet es gut, dass sie anderen vergeben kann.
- Nimm dich selbst nicht aus und überprüfe dein eigenes Verhalten. Bist du eine Zicke? Der Test weiter unten könnte dir da Aufschluss geben. Du bist vielleicht nicht „so schlimm" wie jemand anderes, aber das heißt noch lange nicht, dass dein Verhalten in Ordnung ist.
- Halte mal für einen Moment inne und denke über deine Freundinnen nach. Stehen sie für *echte* Freundschaft oder für *echte* Probleme?
- Dramatik ist der beste Schutz vor Jungen. Wenn dein Leben voller Dramatik ist, dann werden Jungs sich sagen, dass eine Beziehung mit dir auch so sein wird. Such dir erfreulichere Freizeitbeschäftigungen und verzichte auf die Dramatik.
- Auf lange Sicht ist es besser, einfach zu lächeln und bösartige Menschen stehen zu lassen.
- Verstehe alles als ein Kompliment. Im Ernst, versuch es mal – das verändert alles.
- Gieß kein weiteres Öl ins Feuer! Wenn du dich provozieren lässt, gibst du der Zicke Macht über dich.
- Vergiss nicht, die Zicke ist ein Mensch wie du auch. Gott liebt euch beide. Das bringt euch auf Augenhöhe.
- Das Verhalten der Zicke rührt daher, weil sie verletzt ist und sich selbst nicht akzeptieren kann. Dieses ganze Thema sollte uns daran erinnern, dass Menschen gute, treue, liebevolle und ehrliche Freunde brauchen. Du solltest eine solche Freundin sein; das ist für jeden von Vorteil.

Bist du eine Zicke?

1. Ein Mädchen in deiner Klasse hat eine neue Frisur, mit der sie wirklich fantastisch aussieht. Deine Reaktion:

a) Du machst sofort einen Termin bei ihrem Friseur.

b) Du machst ihr ein Kompliment für ihren neuen Look.

c) Du lügst und sagst ihr mit zuckersüßer Stimme, dass du gar nicht verstehen kannst, warum sie ihr tolles langes Haar abgeschnitten hat.

2. Du magst einen ganz bestimmten Jungen, aber du weißt, dass er deine Freundin nett findet. Was tust du?

a) Du vergleichst dich mit deiner Freundin und wünschst dir, ihr ähnlicher zu sein.

b) Du freust dich für sie.

c) Du wartest auf eine Gelegenheit, um den Jungen auf eine Schwäche deiner Freundin aufmerksam zu machen.

3. Deine Freundinnen hänseln in der Umkleide ein Mädchen. Wie verhältst du dich?

a) Du verlässt die Umkleide.

b) Du forderst sie auf, mit den Gemeinheiten aufzuhören.

c) Du machst bei dem „harmlosen Spaß" mit.

Jetzt zähle deine Punkte zusammen:
Für a) gibt es jeweils 3 Punkte, für b) 2 und für c) 1.

Dein Ergebnis:

8–9 Punkte:
Du bist vielleicht keine Zicke, aber dein Mangel an Selbstbewusstsein führt schon mal dazu, dass du auf subtile Weise gemein zu anderen Mädchen bist.

5–7 Punkte:
Nein, du bist ganz sicher keine Zicke. Du bist auch dann nett zu anderen Mädchen, wenn es nicht einfach ist, und wenn es sein muss, stehst du dem Opfer einer Zicke bei.

3–4 Punkte:
Es ist dir vielleicht nicht bewusst, aber deinen Antworten nach zu urteilen, machst du wahrscheinlich anderen Mädchen das Leben schwer.

Und jetzt?

Wie siehts aus, tratschst du, bist du hinterhältig, streust du Gerüchte, plusterst du dich auf Kosten anderer auf? Sagst du zwei Nettigkeiten für jede gemeine Aussage? Die meisten Menschen sind nicht wirklich böse, aber sie können sich schlechte Gewohnheiten antrainieren. Die wichtigste Lektion an dieser Stelle – für Jungen und für Mädchen – besteht darin, sich alle Mühe zu geben, keine Zicke zu werden. Es hat nichts Gutes und Gesundes an sich, gemein zu sein. Also achte darauf, deine eigenen Einstellungen und Handlungen immer wieder zu hinterfragen. Wenn du mit Unsicherheit zu kämpfen hast, halte durch und überwinde sie. Unsicherheit ist wie eine sehr ansteckende Krankheit. Man kann ihre Ausbreitung nur verhindern, wenn man ein Gegenmittel verbreitet: ungezwungene Freundlichkeit. Freundlichkeit anderen gegenüber ist wie ein undurchdringlicher Schild. Außerdem ist sie das, was sich jeder wünscht. Menschen, die sich gemein verhalten, schreien oft lautlos nach Zuwendung und Freundlichkeit. Freundlich zu sein ist viel lebendiger, attraktiver, gesünder, unterhaltsamer, vertrauensfördernder, göttlicher und vergnüglicher, als andere fertigzumachen, um in der Welt nach oben zu kommen.

In allen von uns steckt Freundlichkeit, und sie ist stets das sicherste Anzeichen für Stärke.

Kapitel 7

Achtung, Vorsicht: Klette!

Seifenblasen

Kennst du diese Menschen, die einem ständig auf den Pelz rücken? Die dir fast schon ins Ohr kriechen, wenn sie sich mit dir unterhalten? Eine solche Person versteht die unsichtbaren Grenzen zwischen den Menschen nicht. Du hast deine eigene Sphäre, wie eine Seifenblase, und sie dringt ständig darin ein. Wenn du zurückweichst, kommt sie hinterher. Es gibt keinen Grund, den Atem und die Zähne deines Gesprächspartners so nah im Gesicht zu haben – außer wenn du Zahnarzt bist. Ich weiß nicht, wie das bei dir aussieht, aber ich habe solche Leute schon erlebt. Und das ist keine schöne Erfahrung.

Es gibt verschiedene Wege, mit ihnen umzugehen. Du kannst versuchen, seitwärts auszuweichen. Du kannst dich setzen, dann müssen auch sie sich setzen. Du kannst sie ablenken und schnell wegrennen. Oder du kannst ihnen sagen, dass du gerne ein bisschen mehr Platz hättest. Unsere Privatsphäre zieht sich durch alles: unsere Gespräche, unsere Zimmer, unsere Tagebücher und unsere Beziehungen.

Ich mag Mädchen. Jetzt kennst du die Wahrheit über mich und fast jeden Jungen auf der Welt. Mein nächstes Geständnis könnte dich deshalb ein wenig schockieren: Manchmal mag ich Mädchen nicht so sehr. Das ist nicht ihre Schuld. Manchmal sind Jungs einfach lieber allein, genau wie Mädchen sicher auch. Vielleicht haben sie einfach einen stressigen Tag hinter sich, vielleicht haben sie aber auch den Eindruck, dass ihre Beziehung sich nicht mehr richtig anfühlt, dass sie zu sehr gedrängt werden oder alles viel zu ernst ist. Jeder braucht im Leben eine gewisse Balance. Deshalb ist es wichtig zu verstehen, dass Jungs auch gerne mal allein sind und warum das so ist. Denn die Gründe dafür können ganz andere sein, als du dir denkst.

Kurzer Rollentausch

Kennst du diese Situation? Deine Eltern sind wütend auf dich, und ehe du dich versiehst, befindet ihr euch mitten in einem riesigen Streit. Du kannst dich gerade noch in dein Zimmer retten, wo du mit alldem nichts mehr zu tun hast. Warum haben sie es immer auf dich abgesehen? Dann steht plötzlich deine Mutter in der Tür und hält dir einen Vortrag darüber, dass sie nicht so respektlos behandelt werden darf und dass du auf sie hören sollst. Dir schwirren sowieso noch tausend andere Sachen durch den Kopf, sodass du am liebsten einfach schreien würdest: *„Lass mich in Ruhe!"* Nun, darum geht es in diesem Kapitel eigentlich nicht. Aber du erinnerst dich bestimmt an eine ähnliche Situation, in der du diesen Satz schreien wolltest.

Jetzt drehen wir den Spieß mal um: Ich stelle mir gerne Situationen vor, in denen Jungs und Mädchen die Rollen tauschen, damit ihr mal seht, wie es sich in den Schuhen des anderen anfühlt. Außerdem erfährt man dabei, wie die eigenen Verhaltensweisen und Einstellungen vom anderen Geschlecht aufgefasst werden. Vielleicht kommt irgendwann der Moment, in dem du einen Jungen anschreien möchtest: „*Lass mich in Ruhe!*" Das kann mit einem ganz bestimmten Jungen zu tun haben, mit nur einigen Jungs oder Jungs generell. Warum? Das kann ganz unterschiedliche Gründe haben, aber stell dir einmal Folgendes vor:

Es gibt da zwei Jungen, die du interessant findest. Welcher von beiden zieht dich mehr an?

Junge A

Junge A ist eine Klette. Er lässt keinen Zweifel daran, dass er echt auf dich steht. Eigentlich weiß das sogar fast jeder. Er ruft dich an und schickt dir SMS, als wäre das sein Beruf, nur dass er kein Geld dafür bekommt. Er überhäuft dich mit Komplimenten, und du bist sein einziges Gesprächsthema, von dem er *dir* ständig erzählt. Mr Klette hat nur Augen für dich, bleibt ständig an deinem Tisch in der Klasse stehen und nutzt jede Gelegenheit, um mit dir zu reden. Er macht dir auch ohne Anlass Geschenke, um dir zum x-ten Mal seine Zuneigung zu beweisen. Er möchte gerne wissen, ob du auch für ihn so empfindest, und zwar am liebsten täglich. Deswegen hört er nicht auf, dich danach zu fragen. Wenn du bei einer Freundin bist und ein paar Jungs vorbeikommen, dann hängt er sich sofort an dich. Er erschlägt dich fast mit seinen offensichtlichen Liebesbeweisen.

Junge B

Du weißt nicht genau, ob er sich für dich interessiert oder nicht. Du würdest es gerne herausfinden, aber das ist gar nicht so einfach. Er spielt keine Spielchen, aber du möchtest gerne mehr über ihn wissen. Er wirkt wie ein ganz ausgeglichener Junge. Er macht Sport, hat jede Menge Freunde und coole Hobbys, und er geht nicht zu jeder Veranstaltung oder Party wie manch anderer. Vielleicht hätte er gerne eine Freundin, vielleicht auch nicht. Du kannst es nicht mit Gewissheit sagen, aber du weißt, dass er ganz normal und nett ist und nicht so wirkt, als suche er händeringend nach einer Freundin. Er scheint eigentlich ganz zufrieden zu sein. Irgendwie macht er dich neugierig ...

Also, Junge A oder B? Ich tippe mal auf B, richtig? Und jetzt stell dir vor, *du* wärest einer dieser Jungen. Welcher von beiden ist eher so wie du? Bist du auch so eine Klette wie der erste? Oder bist du eher der unabhängige, ausgeglichene „Ich brauche das andere Geschlecht nicht, um ich selbst zu sein"-Typ?

Natürlich entspricht nicht jeder genau einem dieser beiden Extreme, aber jeder hat eine klare Tendenz in eine der beiden Richtungen. Wenn du zu Typ A neigst, dann solltest du es ein wenig ruhiger angehen lassen und dein Verhalten überdenken. Es ist wichtig, dass wir uns selbst auch mal aus der Perspektive von anderen betrachten. Das ist nicht *immer* nur schlecht. Denn auf diese Weise bekommen wir einen neutralen Blick auf uns, und wir können uns besser vorstellen, wie andere Menschen uns sehen. Ähnelst du eher einer ausgeglichenen Person oder einer Klette?

Wer möchte schon eine Klette sein? Du sicherlich nicht.

Kumpel und Freunde

Du weißt bestimmt, dass es wichtig ist, hin und wieder allein zu sein. Das ist auch für Jungs wichtig. Ich gebe dir einen kleinen Tipp: Jungs sind bessere Freunde, wenn sie Kumpel haben. Lies den Satz noch mal ganz genau. Er bedeutet, dass es für Jungs wichtig ist, auch weiterhin mit anderen Jungs zusammen zu sein, wenn sie eine Freundin haben. Viele Teenager bekommen das nicht hin. Meistens ist es so, dass ein Junge seine komplette Freizeit mit dem Mädchen verbringen möchte, das er mag, oder ein Mädchen ihre Freizeit mit dem Jungen, den sie mag, anstatt für ein Gleichgewicht zu sorgen. Zu viel Zucker verursacht Löcher in den Zähnen. Tut mir leid, wenn ich mich gerade wie dein Vater anhöre. Aber es stimmt einfach. Zu viel von einer guten Sache verdirbt oft diese Sache. Auch wenn es nicht leicht ist: Es ist wichtig zu lernen, eine solche Ausgewogenheit zu schaffen.

Diese Geschichte hat mir Alex erzählt:

Megan war ziemlich cool. Wir waren auf Klassenfahrt in den Bergen, und Megan und ich sind viel zusammen Ski gefahren. Ich fand sie immer schon ziemlich cool, und wir waren schon eine Weile befreundet, ehe wir anfingen, zusammen auszugehen. Ich war auf einmal ganz schön verknallt in sie. Am Anfang war das toll. Ich hab sie eingeladen und wir haben viel gelacht. Wir hatten immer viel Spaß zusammen. Aber nach ungefähr einem Monat nahm das Ganze eine komische Wendung. Ich hatte immer viele Kumpel, und ich habe eine ganze Reihe von Hobbys. Megan wollte aber, dass ich meine ganze Zeit mit ihr verbringe, und irgendwie fing das an, mich zu nerven. Dann schickte sie mir eine SMS nach der anderen, als könnte sie es keine Sekunde ohne mich aushalten, und bald ging das ständig so, was mir überhaupt nicht gepasst hat. Ich meine, ich mochte sie ja, aber ich mochte auch noch andere Sachen, nicht nur sie. Jedes Mal, wenn ich ihr erklärte, dass ich etwas mit meinen Freunden oder sogar meiner Familie machen wollte, sagte sie nur: „Alles klar, ich versteh schon. Du magst mich einfach nicht so sehr, wie ich dachte", oder: „Tja, wenn ein Junge ein Mädchen wirklich mag, dann verbringt er so viel Zeit wie möglich mit ihr." So sehe ich das überhaupt nicht, und so dauerte es nicht lange, bis ich schließlich mit ihr Schluss machte. Meine Gefühle für Megan verschwanden einfach, was ich gar nicht wollte, aber so war es eben. Ich mochte sie nicht mehr, sondern versuchte sie mir vom Hals zu halten. Ich habe ja versucht, ihr zu erklären, dass ich sie mag, aber auch gerne mit meinen Freunden zusammen bin. Warum musste sie sich so verhalten? Ich versteh's immer noch nicht. Wenn sie ein bisschen lockerer gewesen wäre, dann wäre alles besser gelaufen. Sie selbst hatte keine Hobbys und kaum gute Freundinnen, und ich glaube, das ist sicher auch ein Grund. Im Rückblick denke ich, dass das sicher einen großen Unterschied gemacht hätte. Das Ganze ärgert mich, denn sie war echt cool, aber sie war einfach viel zu sehr auf mich und unsere Beziehung fixiert. So was muss irgendwie im Gleichgewicht sein. Jedenfalls wollte ich dir das erzählen, weil es ja um Beziehungen ging und ich mich da total hineinversetzen kann.

Alex M., 16 Jahre, Kalifornien

Zurück zum Jungengehirn

Unsere Gehirne sind verschieden! Und nirgendwo sonst wird das so deutlich, wenn es darum geht, wie wir Zeit miteinander verbringen. Spaghetti und Waffeln, weißt du noch? Eine dieser Waffel-Abteilungen könnte „Unsere Beziehung" hei-ßen. Das soll nicht heißen, dass wir uns ständig in dieser Ab-teilung aufhalten. Im Gegenteil: Wenn ein Junge mit seinen Freunden zusammen ist oder beim Fußballtraining, wenn er Gitarre spielt oder ein Feuerwerk hochgehen lässt, dann denkt er eher nicht an eine Beziehung mit einem Mädchen. Bei Mädchen arbeiten beide Gehirnhälften gleichzeitig. Sie kön-nen gleichzeitig an verschiedene Dinge denken, zum Beispiel an einen Jungen und an die Hausarbeiten.

Deshalb erleben viele Mädchen eine Enttäuschung: Sie denken, dass ein Junge, der nicht genauso oft an sie denkt wie sie an ihn, sie nicht so sehr mag wie sie ihn. Das muss aber gar nicht so sein. Es zeigt nur, dass Jungen sich immer nur auf eine Sache fokussieren können. Und es beweist, dass es uns viel schwerer als euch fällt, gleichzeitig zu singen, unsere Fri-sur zu richten und eine SMS zu schreiben.

Deshalb mach dir keine Sorgen, wenn ein Junge nicht stän-dig an eure Beziehung denkt. Das ist ganz normal und natür-lich und sogar gesund.

Zurück in die Wildnis

Es war eine meiner wichtigsten Erfahrungen zu lernen, meine Zeit für mich allein zu genießen. Nicht alle Jungen haben Freude daran, irgendwo im Nirgendwo zu sitzen, aber ich lie-be es. Und ich bin da nicht der Einzige. Ich kenne eine ganze Reihe von Jungs und auch Mädchen, die mir zustimmen wür-den.

Mehrere Jahre in Folge habe ich den Sommer entweder in Alaska oder Colorado verbracht. Ich bin immer noch von Alaska begeistert. Ich kann mich an jeden Moment dort erinnern. Es ist ein fantastischer Anblick, wenn die Sommerbrise über die endlosen Felder mit dem hohen Gras weht. Den eigentümlichen, würzigen Geruch des Meeres, wie es ihn nur im äußersten Nordwesten des Pazifiks gibt, wird man nicht wieder los. Diesen Geruch kannst du nie wieder vergessen. Die Berge scheinen direkt aus dem Wasser zu steigen, ihr Anblick hoch über den Tälern und Ebenen ist von atemberaubender Schönheit. Manchmal saß ich mit meiner Angelrute am Ufer einer Insel, und kilometerweit um mich herum war keine Menschenseele. Ich ließ meine Füße im eiskalten klaren Wasser baumeln, betrachtete den blauen Sommerhimmel und sog die reine Luft ein. Ich verbrachte viel Zeit im Freien, schlief in den Wäldern, aß komische Sachen und zerbrach mir *nicht* den Kopf über Mädchen. Ich behaupte nicht, dass jeder das machen sollte, aber ich habe in dieser Zeit eine Menge gelernt. Zum Beispiel, dass es so viele großartige Dinge im Leben gibt. Beziehungen gehören dazu, aber es gibt sehr viel mehr.

In der Bibel verbrachte Abraham viel Zeit in der Wildnis. Dort wurde ihm nicht nur klar, wer er war, sondern auch, wie Gott ihn sah. Genauso kann es auch uns ergehen, und wir müssen dafür nicht einmal in die Wildnis ziehen. (Das kann zwar hilfreich sein, ist aber nicht zwingend erforderlich.) Die Zeit, die wir damit verbringen, etwas allein zu tun – oder zumindest außerhalb einer Beziehung –, kann uns helfen zu verstehen, wer wir sind, was wir mögen und was wir nicht mögen. Das ist viel schwieriger, wenn eine Beziehung unsere komplette Zeit in Anspruch nimmt. Das Selbstbild, das Selbstbewusstsein und die Führungsqualitäten, die Abraham während des Alleinseins gewonnen hat, haben ihm später dabei geholfen, ein guter Ehemann und Vater zu sein. Erst diese Zeit hat ihn zu der biblischen Persönlichkeit gemacht, die er heute ist.

Ein Junge findet sein gesundes Selbstbild nicht bei einem

Mädchen. Und auch das Selbstbild eines Mädchens lässt sich nicht bei einem Jungen finden. Wir sind viel mehr als nur der Freund oder die Freundin eines anderen. Und wir können nie eine starke Persönlichkeit bekommen, wenn wir uns nur auf die Beziehung konzentrieren. Wir brauchen ein eigenes Selbstbild, und es braucht Zeit herauszufinden, wie dieses Selbstbild aussieht. Wenn ein Mädchen einem Jungen den dafür nötigen Freiraum gibt, bekommt sie am Ende einen viel reiferen Jungen zurück.

Sieh dich um und lerne

Kennst du ein Mädchen, das nur noch an Beziehungen und Jungs denken kann? Vielleicht hat sie immer schon einen Freund nach dem anderen gehabt. Vielleicht verbringt sie ihre ganze Freizeit damit, SMS zu schicken, zu chatten, über Jungs zu schreiben, mit Jungs zu flirten oder sogar Bilder von Jungs zu malen! Vielleicht bist du dieses Mädchen, oder du bist mit ihr befreundet oder gehst ihr vielleicht auch aus dem Weg.

Aber hier die Frage, um die es eigentlich geht: Hilft oder schadet dem Mädchen diese Besessenheit? Ist sie sich darüber im Klaren, was sie da tut, oder merkt sie es gar nicht?

Befindet sie sich emotional eher immer auf einer Stufe oder schwankt sie in ihren Gefühlen stark hin und her?

Versteht sie Jungs besser oder schlechter, wenn sie ständig mit ihnen abhängt?

Bekommt sie dadurch eine klarere Vorstellung vom Leben und von Beziehungen oder eher nicht?

Wenn du über diese Fragen ehrlich nachdenkst, überlegst du dir vielleicht noch mal, wie viel Platz Jungen in deinem Leben einnehmen sollen.

Ich möchte und ich brauche

Ben und Kari waren neuerdings offiziell „zusammen". Beide waren sehr aufgeregt. Kari liebte Bens Unabhängigkeit, und Ben genoss den Spaß, den sie jedes Mal zusammen hatten. Mit der Zeit kam ihnen das, was am Anfang so toll gewesen war, nicht mehr so toll vor. Zum einen verwandelte sich Bens Unabhängigkeit zunehmend in Distanz. Kari liebte zwar seine Stärke und Unabhängigkeit, aber ihr Bedürfnis nach gemeinsamer Zeit war einfach zu groß. Sie rief ihn immer öfter an, worauf Ben mit noch mehr „Unabhängigkeit" reagierte. Sie wollte ständig wissen, was er gerade machte, und wann immer sie telefonierten oder chatteten, sagte sie ihm, wie sehr sie ihn vermisse, selbst wenn sie sich am selben Tag schon gesehen hatten. Sie entwarf immerzu Pläne, wie sie möglichst viel Zeit gemeinsam verbringen konnten. Schließlich verlor sie den Kontakt zu ihren eigenen Freundinnen und tat so, als gehöre Ben ihr ganz allein. Ben fühlte sich seinerseits immer weniger wohl. Er war wirklich gerne mit Kari zusammen, aber er schätzte auch die Gemeinschaft mit seinen Freunden und seiner Familie. Je mehr Druck Kari machte, desto weniger Freude hatte er an der Zeit mit ihr. Ben hatte das Gefühl zu ersticken und war verwirrt, und am Ende verstand er, dass er eine Freundin brauchte, die gerne Zeit ohne ihn verbrachte, die mit ihren Freundinnen zusammen war und einfach ein eigenes Leben führte, kurz: die nicht so sehr nur von ihm abhängig war.

Diese Geschichte könnte man sich natürlich auch genau andersherum vorstellen. Ben hätte dann Kari erdrückt, und sie wäre es gewesen, die geflohen wäre. So etwas passiert ständig, und zwar aus einem ganz einfachen Grund. In all unseren Beziehungen muss ein Gleichgewicht herrschen. Manchmal gibt es einen Unterschied zwischen dem, was wir wollen, und dem, was wir brauchen. Kari wollte möglichst viel Zeit mit Ben verbringen. Sie verstand nicht, dass unterschiedliche Menschen unterschiedliche Bedürfnisse haben und dass es wichtig ist, diese Bedürfnisse zu respektieren.

Denkst du manchmal darüber nach, was du von jemandem *brauchst*, mit dem du gerne mehr Zeit verbringen würdest? Das solltest du tun, selbst wenn du jetzt gerade oder in der näheren Zukunft gar keinen Freund möchtest. Denn auf diese Weise denkst du schon im Voraus über etwas sehr Wichtiges nach.

Schreibe eine Liste:

Was ich von einem Jungen möchte

_____

_____

_____

Was ich von einem Jungen brauche

_____

_____

_____

Jetzt vergleiche diese Listen. Gibt es da Unterschiede? Ich hoffe sehr, dass es welche gibt. Vorlieben beim anderen Geschlecht

sind wie die Wünsche für ein Auto oder eine bestimmte Kleidung. Manches *wollen* wir gerne haben – etwa ein Schiebe-
dach oder Pailletten –, und manches *brauchen* wir – etwa ein
Lenkrad oder einen Ärmel. Du solltest lieber jetzt schon eine
ungefähre Vorstellung von diesen Dingen haben. Wenn nämlich dann der richtige oder falsche Junge in dein Leben tritt,
bist du schon vorbereitet und kannst überprüfen, ob er deinen
Wünschen entspricht. Du wirst besser darauf vorbereitet sein,
mit der Beziehung richtig umzugehen. Es ist ungefähr so, als
würdest du schon lange vor einer Klausur mit dem Lernen anfangen, nur dass das hier *viel* mehr Spaß macht als Pauken. Du
kannst dich darauf einstellen, dass diese Listen sich mit der
Zeit verändern. Wenn du sie pflegst, kannst du mit ihnen auch
deine eigenen Veränderungen verfolgen.

Lasst uns unseren Freiraum und wir lassen euch euren

Der ganze Umgang mit Zeit und Freiraum in Beziehungen
hat natürlich mit Respekt zu tun – und zwar in beide Richtungen. Respekt ist einer der wichtigsten Aspekte in jeder Beziehung. Und es ist wichtig, den Freiraum des anderen zu respektieren, genauso wie deinen eigenen.

Für Jungs ist es ungeheuer wichtig, das Gefühl zu haben,
dass ihre Zeit, ihr Freiraum, ihre Fähigkeiten und ihr Eigentum respektiert werden. Wenn du einem Jungen den Raum
gibst, den er braucht, dann zeigst du ihm damit ganz einfach
Respekt. Das gilt für beide Parteien. Achte also darauf, dass
auch er deinen Freiraum respektiert. Mangel an Respekt,
Klammern und Besitzansprüche gehören nicht in eine gesunde Beziehung oder Freundschaft. Respekt ist eine der Zutaten,
ohne die so etwas nicht funktioniert.

Was ist, wenn gar nicht du die Klette bist?

Wenn du den Eindruck hast, dass ich hier die ganze Zeit nur von klammernden und nervigen Mädchen rede, dann warte mal einen Moment. Viele Mädchen wissen nämlich, dass es auch männliche Kletten gibt. Für euer beider Wohl ist es wichtig, angemessene zeitliche Grenzen zu setzen. Die musst du nicht mit der Stoppuhr messen, aber überlege dir vernünftige Zeiten. Lass dich nicht dazu drängen, mehr Zeit mit jemandem zu verbringen, als du eigentlich möchtest. Deine Zeit ist wertvoll, also sei nicht zu freigiebig damit.

Stell dir selbst mal diese Fragen:

◎ An wie vielen Abenden in der Woche möchtest du dich mit jemandem treffen?

_____

◎ Wie viele Stunden an einem Abend sollte man normalerweise miteinander verbringen?

_____

◎ Wie viel Zeit bleibt dir für dich in der Woche? (Denk daran, wie wichtig das ist!)

_____

◎ Verbringt ihr beide gerne gleich viel Zeit miteinander?

_____

Vergleiche deine Antworten und Gedanken zu diesen Fragen auch damit, wie viel Zeit du *tatsächlich* für deine Beziehung aufwendest. Musst du vielleicht hier und da deine Zeiteinteilung ein wenig anpassen? Wenn ja, dann fasse jetzt einen konkreten Plan, wie du diese Änderungen umsetzen willst. Dein Selbstbild, deine Persönlichkeit und dein soziales Umfeld werden es dir danken.

Warum ist das so wichtig?

Dieses Thema hat noch eine tiefgehendere Bedeutung. Bei Jugendlichen – und eigentlich in jedem Alter – kann ein Ungleichgewicht dazu führen, dass sie etwas anderes Wichtiges im Leben versäumen. Wenn du immer nur mit Jungs beschäftigt bist, fehlt dir schlicht die Zeit für andere Bereiche deines Lebens: Freundschaften, Schule und Zukunftspläne.

Gottes Pläne für dein Leben umfassen so viel mehr als nur die Sorge, ob dich ein bestimmter Junge mag oder nicht oder ob jemand weiß, dass du ihn magst. Er hält schon den perfekten Jungen und den perfekten Lebensweg für dich parat. Deshalb ist es reine Zeitverschwendung, sich wegen Jungs verrückt zu machen. Gott möchte, dass wir auch mit ihm Zeit verbringen. Die Menschen sind schnell nur miteinander beschäftigt und vergessen dann, wer eigentlich am besten die Führung in einer gesunden Beziehung übernehmen kann: Gott. Er möchte, dass wir uns umeinander kümmern, aber er möchte auch, dass wir ihn besser kennenlernen. Deshalb nimm dir immer wieder Zeit für die wichtigste Beziehung in deinem Leben: deine Beziehung zu Gott.

Ich denke, dass unsere Beziehungen in vielerlei Hinsicht der Art und Weise ähneln sollen, in der Gott sich um unser

Wohlergehen sorgt. Wenn dein Vater sagt, dass du mit ihm „eine schöne Zeit verbringen wirst, egal ob du willst oder nicht", dann ist das bloße Pflichterfüllung. Gott möchte vielmehr, dass wir einander in den folgenden Dingen ermutigen: anderen mehr zu geben als zu nehmen und unsere Liebe und Fürsorge freiwillig zu geben, nicht aus einem Pflichtgefühl heraus. Dies können wir dann am besten, wenn wir nicht nur die gemeinsame Zeit zu schätzen lernen, sondern auch die Zeit, die wir mit anderen Dingen und Menschen in unserem Leben verbringen.

Es gibt viel zu viele Mädchen, die inzwischen berufstätige Frauen und Mütter sind, die in jungen Jahren nicht gelernt haben, dieses Gleichgewicht zu halten. Viele von ihnen wünschen sich jetzt, sie hätten sich mehr Zeit für sich selbst und ihre charakterliche Entwicklung genommen, anstatt immer nur an Jungs zu denken. Ich höre so etwas ständig. Es gibt im Leben sehr viel mehr als nur Jungs und Beziehungen. Lass das alles mal hinter dir; dann wirst du sehen, dass es da noch sehr viel mehr gibt. Du wirst etwas Besseres als Jungen finden – du wirst dich selbst finden.

Unser Leben erfordert ein bestimmtes Gleichgewicht, und ich hoffe, dass du nicht lockerlässt, bis du es gefunden hast.

Der „Gesprächsthema"-Test

1. Was erzählt ein Junge wohl seinen Freunden, wenn er ein Mädchen mag?
a) etwas in der Art von „Sie ist echt toll", mehr nicht
b) nichts
c) genau dasselbe, was auch ein Mädchen ihren Freundinnen über einen Jungen erzählen würde

2. Was glaubst du, worüber Jungs am meisten reden, wenn sie unter sich sind?
a) Mädchen
b) die Schule
c) gemeinsame Interessen

3. Worüber redest du am meisten, wenn du mit deinen Freundinnen zusammen bist?
a) Jungs
b) die Schule
c) gemeinsame Interessen

Lösungen:
1 = normalerweise a, 2 = c

Kapitel 8

Mach was aus deinem Leben

Ich mag Mädchen, die Rundungen haben. Also auf eine gute Art, nicht so, wie ich das am Anfang immer gedacht hab. Ich meine die Persönlichkeit.

Irgendein Junge, der Chad zum Lachen gebracht hat

Du hast vielleicht die Kapitelüberschrift gelesen und gedacht: „Was?" Aber wann hast du das letzte Mal einen Gang runtergeschaltet und dir das Leben als solches mal in Ruhe angeschaut? Wenn deine Antwort „Äh, noch nie" lautet, dann ist das schon in Ordnung. Du bist da nicht anders als die meisten Jugendlichen – und viele Erwachsene. Aber wenn du ein richtiges Leben willst, ein erfülltes, ausgeglichenes Leben, dann musst du dringend mal einen Gang runterschalten und dir deine eigenen Prioritäten im Leben anschauen – und wie du sie umsetzt. Es dauert manchmal sehr lange, bis man ein erfülltes und ausgeglichenes Leben lebt, aber es ist nie zu früh, um damit anzufangen.

Ein tolles Mädchen ist viel mehr als die Summe ihrer Einkäufe, ihrer Frisuren, Nägel, Klamotten und ihres Make-ups. Deshalb lass uns zuerst einen Blick auf deine Prioritäten werfen. Nimm dir einen Moment Zeit und nummeriere die folgenden allgemeinen Lebensprioritäten nach ihrer Wichtigkeit für dich. Dabei gibt es keine absolut richtige Antwort. Es ist dein Leben, deswegen sind es auch deine Prioritäten.

Meine Prioritäten

_ Schule, Ausbildung
_ Familie
_ Arbeit, Haushalt, sonstige Pflichten
_ Klamotten, Make-up, Shopping
_ Gesundheit, Fitness
_ Gott
_ Freunde
_ Jungs
_ anderen helfen
_____ (sonstiges)

Als Nächstes werfen wir einen Blick auf dein Leben. Rufe dir die vergangene Woche in Erinnerung und schreibe auf, womit du deine Zeit verbracht hast. Fang mit der Sache an, für die du die meiste Zeit genutzt hast, und dann immer so weiter.

_____

_____

_____

Wenn du nun die beiden Listen nebeneinander legst und vergleichst, wie viele Übereinstimmungen findest du? Wenn zum Beispiel Gott die höchste Priorität hat, hast du dann auch mit ihm die meiste Zeit in der vergangenen Woche verbracht? Ich weiß, dass die Schule natürlich Pflicht ist und du deshalb eine gewisse Anzahl von Stunden dort verbringen musst, aber das sollte wirklich die einzige Ausnahme sein. Davon also abgesehen: Wie passen deine Prioritäten zu deiner Realität?

Wie kannst du damit anfangen – heute, jetzt sofort! –, dein Leben so zu leben, dass es deine Werte und Prioritäten widerspiegelt? Reiß diese Seite aus dem Buch heraus und hänge die Liste mit deinen Prioritäten an deinen Spiegel oder deine Pinnwand, und lebe danach. Los, mach schon. Mir macht das nichts aus.

> „Klamotten? Die ziehst du an und dann trägst du sie."
> Michael, 14 Jahre

Welche Priorität haben in deiner Liste Klamotten, Make-up und Shopping bekommen? Und wie viel Zeit verbringst du tatsächlich damit, über Klamotten zu sprechen, sie anzuschauen, auszusuchen, über sie zu debattieren, sie anzuprobieren und dich mit ihnen im Kreis zu drehen? Klamotten und Make-up (und die damit verbundenen Shoppingtouren) sind ein Teil des Bildes, das du von dir und deinem Körper hast, was eine ganz normale und gesunde Sache ist. Aber viele Mädchen tappen da in eine Falle: Sie machen sich viel zu viele Gedanken darüber, weil sie auf diese Weise in der Wertschätzung anderer – vor allem Jungs – steigen wollen. Wenn diese Dinge ihre Verhältnismäßigkeit verlieren, werden sie zu einer unguten Last in deinem Leben. Sie wirken sich dann auf deine Persönlichkeit aus und lassen dich für andere – Jungs eingeschlossen – in einem schlechten Licht erscheinen.

Untersuchungen haben ergeben, dass eine Frau durchschnittlich mehr als 70 Mal am Tag in den Spiegel schaut. Das bedeutet, dass du ungefähr alle 17 Minuten in den Spiegel schaust, während du wach bist.[18]

Klamotten sind eine praktische Erfindung, vor allem wenn du nicht gleich wieder von der Schule nach Hause geschickt werden willst, aber sie können dich auch sehr ablenken. Deshalb würde ich dir gerne eine Frage stellen: Lässt du dich ablenken? Mal im Ernst: Kaufst du dir Schuhe, weil du sie brauchst oder weil du ohne sie nicht du selbst bist? Nehmen dein Outfit, deine Frisur und dein Aussehen einen angemessenen Platz in deinem Alltag ein oder nehmen sie entschieden zu viel deiner Zeit und Aufmerksamkeit in Anspruch? Vielleicht wird es Zeit, dass du dich von einigen dieser Ablenkungen verabschiedest und die Fliege verscheuchst, die dir im Ohr herumsummt und dir etwas anderes erzählt.

„Wenn ich mir ein ‚süßes Mädchen' anschaue, dann frage ich mich nicht, ob sie wohl mit mir Basketball spielen würde. Aber beim ‚Mädchen von nebenan' schon, und deshalb würde ich meine Zeit lieber mit ihr verbringen."
Max

Als Angehöriger des männlichen Geschlechts kann ich wohl schlecht einschätzen, welche Rolle die Kleidung im Leben eines Mädchens spielt. Trotzdem ist hier meine Meinung dazu: Wer mehr als eine halbe Stunde lang vor einem baumelnden Preisschild auf- und abgeht, sollte vielleicht einen Therapeuten hinzuziehen. Wenn du also glaubst, dir vielleicht zu viel Gedanken über dein Erscheinungsbild zu machen, dann ist es schon mal gut, dass dir das jetzt bewusst geworden ist. Als Nächstes solltest du dir überlegen, was du daran ändern kannst.

Versuch mal, etwas zu tun, was du normalerweise nie tun würdest. Versuch mal, dich an einem Tag *nicht* für die Schule zurechtzumachen. Wenn das für den Anfang zu hart ist, dann halte dich wenigstens beim Make-up ein wenig zurück. Wenn du durch solche kleinen Tricks immer mal wieder dafür sorgen kannst, dass du dich ein klein wenig unwohl fühlst, hilft dir das, in Kontakt mit der Wirklichkeit zu bleiben und charakterlich zu wachsen. Und du machst die Erfahrung, dass die anderen dich immer noch mögen, auch wenn deine Handtasche nicht zu deiner Bluse passt.

Anthony: „Hey, Zach, hast du Lust, über Shopping zu reden, über unsere Frisuren oder unsere Fingernägel und unsere Outfits?"

Zach: „Alter, ich sag dir, so was möchte ich sicher nie machen."

Pass auf, ich erzähle dir jetzt etwas, das deine Welt aus den Angeln heben könnte. Ich habe gehört, dass es tatsächlich Jungs gibt, die an den folgenden Aktivitäten keinen besonderen Gefallen finden: shoppen; zum Friseur gehen oder daran denken; irgendetwas mit Fingernägeln machen (soweit sichergestellt ist, dass sie noch alle da sind); darüber nachdenken, was man anziehen soll, erst recht nicht Wochen im Voraus. Versteh mich nicht falsch: Es gibt viele Jungs, die sich hin und wieder mit diesen Dingen beschäftigen. Wenn ich mir vor Augen halte, wie viele „Pflegeprodukte" es heutzutage selbst für Jungs gibt, die es uns ermöglichen, lange Stunden vor dem Spiegel zu verbringen, dann kann ich sogar verstehen, dass Jungs sich mit ihrem Haar beschäftigen. Aber selbst das coolste Styling-Gel führt nicht dazu, dass ein Junge sich auch nur annähernd so viele Gedanken über sein Aussehen macht wie ein Mädchen. Bist du jetzt schockiert? Wohl eher nicht, und ich bin es auch nicht. Aber diese Sache hat etwas damit zu tun, wie du selbst dich siehst und wie Jungen dich sehen.

Eine wichtige Frage stellt sich dabei: Möchtest du gerne gut aussehen, oder möchtest du für Jungs gut aussehen? Das sind zwei ganz verschiedene Paar Schuhe. Jungen zieht es eher an, wenn du dir nicht ihretwegen Gedanken über dein Aussehen machst, sondern weil du einfach gerne gut aussehen und gesund sein willst.

Manche von euch widersprechen jetzt vielleicht. Eure bisherigen Erfahrungen mit Jungs belegen eher das Gegenteil. Manche Jungs gehen nur nach dem Aussehen, und wenn du selbst schon Erfahrungen damit gemacht hast, dann hat dich das sicherlich beeinflusst. Vielleicht hat ein Junge schon mal mit dir oder einer Freundin von dir Schluss gemacht, weil er sich mehr für Mädchen interessierte, die sich aufreizender anziehen und verhalten. Leider macht man solche Erfahrungen mit Jungen, die keine gesunde Einstellung zu diesen Dingen haben.

„Manchmal können mich meine weiblichen Freunde echt frusten. Mir gefällt es ja, dass ihnen nicht egal ist, wie sie aussehen. Aber man kann es auch echt übertreiben. Wenn wir was zusammen machen, reden sie nur über ihr Aussehen und wollen wissen, was ich darüber denke. Ich wünschte mir, Mädchen könnten es auch mal locker angehen."

Chris, 16 Jahre

In Wahrheit wollen Jungen, auch die an deiner Schule, meist lieber mit einem Mädchen zusammen sein, das sich nicht ständig den Kopf darüber zerbricht, ob sie auf Jungen attraktiv wirkt. In Gesprächen höre ich so etwas immer wieder. Jungen möchten lieber Mädchen kennenlernen, sich mit ihnen anfreunden und zusammen sein, bei denen sich dieser Lebensbereich in einer guten Balance befindet. Sie möchten ein Mädchen, das auf sich achtgibt, aber nicht in dem Maße, dass sie nur auf sich achtgibt, um anderen zu gefallen. So etwas hat für uns nichts mit einem ausgeglichenen Leben zu tun.

Nehmen wir zum Beispiel Zack. Zack war im Großen und Ganzen mit sich zufrieden. Er war nicht zu selbstsicher, aber auch nicht schüchtern, und er konnte sehr gut Gitarre spielen, was, wie er wusste, Kelly besonders gut gefiel. Kelly und er gingen schon eine Zeit lang zusammen, aber es war noch nichts wirklich Ernstes. Zack war einfach gerne mit Kelly zusammen, meistens zumindest.

Eines aber irritierte Zack und gab ihm manchmal sogar ein ungutes Gefühl: Kelly machte sich immerzu Gedanken über ihr Aussehen. Fast immer, wenn sie etwas zusammen unternahmen, musste Zack sie zuerst dabei beraten, was sie anziehen sollte. Ihre erste Wahl war stets eine Jeans, wobei sie immer vier oder fünf verschiedene im Angebot hatte, die sie alle nacheinander anprobierte, um so die Auswahl einzuengen. Er fragte sich jedes Mal, warum jemand so viele Hosen hatte. Dann ging es weiter mit der Bluse, der Kette und den Schuhen – meine Güte, die Schuhe! Bevor sie losgehen konnten, hatte sie jedes Mal ihre komplette Garderobe durchprobiert. Wenn er sie nach dem Grund fragte, antwortete sie: „Ich will doch für dich gut aussehen!" Aber Zack hatte den Eindruck, dass dies nicht der wahre Grund war. Sie war einfach nie zufrieden mit ihrem Aussehen. Wenn sie aus dem Badezimmer kam, konnte Zack sicher sein, dass sie irgendeine Bemerkung darüber machte, wie schrecklich sie wieder aussah. Ihre Nase, ihr Bauch, ihre Augenbrauen, ihr Hintern – irgendwas war immer nicht in Ordnung an ihr.

Zack verstand schnell, dass sie es darauf anlegte, dass er ihr widersprach und ihr Komplimente machte, wenn sie mal wieder über etwas jammerte, das sie an sich selbst nicht ausstehen konnte. Zack wollte ihr sowieso gerne Komplimente machen, aber Kellys ständige Unsicherheit griff auch ihn an. Er fragte sich immer wieder: „Warum ist sie nicht einfach mit sich zufrieden und hört auf, sich ständig Gedanken über ihr Aussehen zu machen? Sie macht sich ja völlig verrückt. Das kann doch nicht gut sein."

Auch wenn Zack das vielleicht nicht so ausgedrückt hätte, aber nach und nach fühlte er sich von Kelly abgestoßen. Er kam einfach nicht mit ihrem Selbsthass und ihren ständigen Sorgen um ihr Aussehen zurecht. Das sagte ihm keine tiefgründige Beziehungsanalyse, sondern einfach sein Instinkt. Kelly hatte ungelöste Probleme mit ihrem Selbstbild, die er für sie nicht aus der Welt schaffen konnte und die einer gesunden und guten Beziehung im Wege standen.

Worum dreht sich dein Leben?

1. Welche Rolle spielt es bei der Wahl deines Outfits, ob es den Jungs gefällt?
a) 80 % oder mehr (Du trägst am liebsten enge T-Shirts. *Meine beiden besten Argumente muss ich ja wohl nicht verstecken, oder?*)
b) 50 % (Du fragst dich, ob der Neue im Englischkurs wohl deine schicken neuen Turnschuhe bemerkt.)
c) 20 % oder weniger (Du machst dir erst dann Gedanken darüber, ob Jungs dein Outfit wahrnehmen, wenn du etwas auf deinen zwei Nummern zu großen Pullover kleckerst.)

2. Wie viele Stellen deines Körpers würdest du ändern lassen (wenn dein Vater dir das Geld dafür gäbe)?
a) mindestens eine
b) keine
c) drei oder mehr

3. Wie oft bist du mit deinem Aussehen zufrieden?
a) meistens (Bei deinem Körper steht dir einfach alles.)
b) manchmal (Du fühlst dich wohler, wenn du deine Lieblingsklamotten anhast.)
c) so gut wie nie (Du wartest heimlich darauf, dass dich jemand für die „Vorher-nachher-Show" anmeldet.)

4. Angenommen, du gehst ungeschminkt aus dem Haus – was ist deine größte Sorge?

a) Dass die Jungs dich abstoßend finden.
b) Dass du vor dir selbst erschrickst, wenn du alle 17 Minuten in den Spiegel schaust.
c) Dass die anderen Mädchen die Nase rümpfen.

Jetzt zähle deine Punkte zusammen:
Für a) gibt es jeweils 3 Punkte, für b) 2 und für c) 1.

Dein Ergebnis:

10–12 Punkte:
Dein ganzes Leben dreht sich offenbar nur um Jungs – du willst sie ständig mit deinem guten Aussehen beeindrucken.

7–9 Punkte:
Du „machst was aus deinem Leben" – du hast Humor und findest die richtige Balance zwischen dem Wunsch, gut auszusehen, und der Einsicht, dass Gott dir deinen Körper geschenkt hat, so wie er ist.

4–6 Punkte:
Nach deinen Antworten zu schließen, machst du nichts anderes, als dich unter deinem zwei Nummern zu großen Pullover zu verstecken in der Hoffnung, dass niemand auf dich aufmerksam wird.

Über wen lachst du da gerade?

Gefällt dir ein Junge, der sich die ganze Zeit total wichtig macht, um möglichst machomäßig zu wirken? Oder würdest du einen Jungen vorziehen, der mit sich selbst viel lockerer umgeht und sogar über sich lachen kann?

Richtig, die meisten Leute würden die zweite Variante bevorzugen.

Wenn du wissen willst, was Jungs an Mädchen wirklich gefällt, dann denk daran: Wir alle mögen Menschen, die über sich selbst lachen können. Einige Mädchen, die ich kenne, sind gerade deshalb besonders charmant. Ich habe noch nie davon gehört, dass ein Junge sich über ein Mädchen beschwert hat, weil es über Geschichten lacht, in denen es selbst nicht so gut wegkommt. Im Gegenteil, für viele Jungs ist diese Fähigkeit zur Selbstironie gerade wichtig.

Ich finde Leute, die über sich selbst lachen können, einfach unglaublich witzig. Wer möchte nicht gerne mit jemandem Zeit verbringen, der seine eigenen Schwächen und Fehler in lustige Geschichten packen kann? Denn so etwas kennt fast jeder von sich selbst. Wer möchte schon hören, wie jemand von seiner makellosen Haut schwärmt oder damit angibt, dass er noch nie etwas falsch gemacht hat? Ich jedenfalls nicht, und die meisten Jungs mögen Menschen, mit denen sie etwas gemeinsam haben.

Ein Freund von mir hat immer gesagt: „Ich weiß nur eines sicher im Leben: dass ich es nicht lebendig überstehen werde." Auf diese Weise drückte er aus, dass er alles mit Humor nehmen würde, was auch immer das Leben ihm bieten würde. Was ich damit sagen will? Nimm dich selbst nicht zu wichtig. Dieses ständige Sich-selbst-infrage-Stellen kann manchmal ermüden und einen sogar manchmal entmutigen. Sehr viel besser ist es, wenn du über dich selbst lachen und dich so annehmen kannst, wie du bist.

Völkerball-Trottel

Ich mag den Sportunterricht sowieso nicht, deswegen ist diese Geschichte auch so schrecklich. Wenn schon Sport, dann möchte ich mir selbst aussuchen, was ich mache, und nicht den blöden Ideen meines Sportlehrers folgen, der dann so etwas wie Völkerball vorschlägt. Die Jungs können natürlich von Völkerball gar nicht genug bekommen, und letzte Woche habe ich dann beschlossen, endlich auch mal mitzuspielen, so wie alle anderen auch. Ich bin ziemlich lange im Spiel geblieben, und irgendwie hat mich dann doch die Begeisterung gepackt und ich bin richtig abgegangen. Ich hab nur noch den Ball gesehen und die Spieler vor mir, und ich hab einen nach dem anderen abgeworfen, sogar drei meiner eigenen Leute! Ich hab das gar nicht gemerkt, bis die Leute aus meiner Mannschaft mich angeschrien und ausgebuht haben. Wegen mir haben wir dann verloren und alle haben mich ausgelacht. Von jetzt an werde ich sicher immer als Letzte gewählt, wenn wir wieder Völkerball spielen. Grins. Vielleicht sollte ich lieber Yoga oder so was anfangen, wo ich den Leuten keine Bälle ins Gesicht werfen kann.

Maria

Ich wollte euch einfach einen kleinen Einblick in die Art von Geschichten geben, die zu hören ich das Vergnügen hatte. An dieser Stelle deshalb ein großes Dankeschön an alle, die mir ihre Geschichten erzählt haben – und auch an alle, die jetzt dieses Buch lesen.

Was du auch tust – tu es!

Es ist Freitagnachmittag, die letzte Stunde. Du redest mit deinen Freundinnen darüber, was ihr heute Abend machen werdet. Welche Frage wird in diesen Gesprächen fast immer früher oder später gestellt? Ich wette, diese hier: „Was machen denn (füge hier die Namen einiger Jungen ein) heute Abend?" Wenn du genauer hinschaust, wirst du überrascht sein, wie viele deiner Aktivitäten sich um Jungs drehen. Ich sage das nicht aus Eitelkeit, und ich will mich auch sicher nicht beschweren. Aber da wir sowieso gerade beim Thema *Balance* sind, könnten wir uns einmal damit befassen. Wie sehr sind deine Handlungen „Jungen-orientiert"?

Viele Lärm um nichts

18.30 Uhr, Jenna: „Hi Lexi, hier Jenna. Was steht an heute Abend? Geht ihr jetzt essen oder nicht? Schick mir doch eine SMS, wenn du wieder da bist. Küsschen!"

19.04 Uhr, Lexi: „Hi. Hab gerade geduscht. Ruf dich gleich an."

19.23 Uhr, Lexi: „Hey, ich bin's. Ich weiß auch nicht genau, was heute ansteht. Rob wollte mich zurückrufen, aber ich hab jetzt schon so einen Hunger. Ich muss mir noch die Haare fönen und mich fertig machen. Ah, mein Bruder will unbedingt ins Bad. Ich meld mich wieder."
Jenna: „Gut, ich muss mich auch erst noch fertig machen. Ich versuch mal, einen von den Jungs ans Telefon zu kriegen. Ruf du doch mal Amanda an, die wollte auch mitkommen."

20.10 Uhr, Lexi: „Also, Rob hat immer noch nicht angerufen, und auf meine SMS hat er auch nicht reagiert. Chris auch nicht."

Jenna: „Na super. Warum haben die überhaupt Handys, wenn sie doch nie rangehen?"

Lexi: „Ja, echt. Ich sterbe fast vor Hunger. Ich zieh mich nur schnell zu Ende an und dann ruf ich dich an."

Jenna: „Okay."

20.32 Uhr, Lexi: „Und?"

Jenna: „Nix. Ist das öde."

Lexi: „Ich bin fertig, ich komm vorbei."

Jenna: „Okay."

20.58 Uhr, Jenna: „Hi. SMS von Rob: Die haben eine Pizza und keine Pläne. Spielen noch Basketball oder so. Kommst du?"

Lexi: „Bin schon fast da. Was machen wir?"

Jenna: „Weiß nicht. Tippe mal nichts."

Kommt dir das bekannt vor? Ich bin sicher, so etwas hast du auch schon erlebt, und wenn nicht, wirst du es sicher noch erleben – obwohl ich hoffe, dass es dir erspart bleibt. Sei nicht nur mit Nichtstun beschäftigt, nur weil die Jungs nicht in die Gänge kommen. Wir sind nicht gerade Experten darin, euch immer auf dem Laufenden zu halten.

Egal ob ihr shoppen geht, euch bräunen und die Nägel machen lasst oder, wie in dem Beispiel gerade, einfach nichts tut – wie viel davon macht ihr insgeheim nur für uns? Hast du darüber schon mal ernsthaft nachgedacht?

Beträgt der Anteil 100, 90, 75, 50, 30, 15 oder 0 Prozent? Jugendliche nehmen sich für gewöhnlich nicht die Zeit, die

Beweggründe für ihr Handeln zu hinterfragen und zu überlegen, wie viel sie eigentlich für andere tun. Glaubst du, dass der Anteil bei dir ausgewogen und gesund ist, oder sollte er ein wenig reduziert werden?

Jetzt versetz dich mal in unsere Lage. Wie oft unterhalten sich Jungs wohl darüber, was sie anziehen, wie sie aussehen und was sie sagen sollen, um die Aufmerksamkeit von Mädchen auf sich zu ziehen? Manche Jungs, aber nicht die Mehrheit, reden tatsächlich oft darüber, aber das ist vermutlich nicht das Beste, womit man seine Zeit verbringen kann.

Wie oft hast du schon gehört, dass Jungs zueinander sagen: „Weißt du was, Steve? Lass die Mädchen heute mal Mädchen sein und lass uns lieber die anderen Jungs zusammentrommeln und mal so richtig schön shoppen gehen!"?

So etwas passiert ungefähr keinmal in tausend Jahren.

Verbringen vernünftige oder in diesem Fall die meisten Jungs viel Zeit damit, über ihr Aussehen nachzudenken? Ich würde sagen: Nein, nicht sehr viel, sofern nicht gerade ihr Abschlussball oder ihre Hochzeit ansteht. Was würdest du denken, wenn einer von deinen Freunden genauso viel Zeit wie du damit verbrächte, sich über sein Outfit Gedanken zu machen oder über seinen Teint oder darüber, wie er neulich sein Haar einfach nicht in den Griff bekommen hat? Ich schätze mal, du fändest das ein wenig seltsam. Denk daran, wenn du bei der nächsten Gelegenheit einen Jungen zum dreizehnten Mal fragst, ob deine Jeans dich nicht zu dick wirken lässt.

Okay, Chad, ich hab's verstanden: Es ist gut, meine Zeit mit Jungs zu verbringen, aber es ist nicht gut, wenn sich bei mir alles nur um Jungs dreht. So weit, so gut. Aber was soll ich denn stattdessen machen?

Danke für diese gute Frage!

Wie wäre es zum Beispiel für den Anfang mit einem reinen

Mädchenabend? Kein Mädchen mag es, wenn andere Mädchen sich „affig" verhalten. Das tun sie aber meistens, wenn Jungs in der Nähe sind. Keine Jungs – kein affiges Verhalten, dafür aber viel mehr Spaß.

Experimentiere mit der Videokamera deines Vaters herum und dreh coole Musikvideos. (Kleiner Tipp: Stell sie besser nicht ins Internet, so etwas kann böse enden.) Oder baue eine Höhle aus Kissen und Decken und mach ein Zeltlager im Wohnzimmer, leih dir Filme aus und backe einen Kuchen oder gründe eine Gruppe, in der du mit anderen Mädchen in der Bibel liest und bei der es nicht darum geht, Jungs besser zu verstehen. Oder such dir ein Hobby, bei dem du ohne dieses ganze Jungen-Thema etwas Schönes und Wertvolles schaffst.

Und dann geh ruhig noch einen Schritt weiter. Engagiere dich in deiner Gemeinde oder bei einer sozialen Einrichtung deiner Stadt. Frag deinen Pastor, einen Lehrer oder deine Eltern, ob sie noch Vorschläge hätten. Sieh dir mal die Internetseiten www.ehrenamtsportal.de oder www.caritas-ehrenamt.de an. Dort findest du jede Menge Ideen, und je weniger Anerkennung du dafür bekommst, dass du anderen hilfst, umso besser. Es geht nämlich nicht um dich, sondern um die anderen.

Diese Mädchen waren total kreativ in ihrer Freizeit und haben echt was bewirkt:

- Haley T., elf Jahre alt, hat ihre Haare zugunsten der Krebshilfe gespendet!
- Shauna Fleming, ein 18-jähriges Mädchen aus Orange, Kalifornien, hat eine Initiative mit dem

Namen „Eine Million Dankeschön" ins Leben geru-
fen, die insgesamt mehr als zwei Millionen Dankes-
briefe an amerikanische Soldaten im Irak verschickt
hat. Sie ist sogar dem Präsidenten vorgestellt worden!

- Bei Michelle H. wurde eine lebensgefährliche Krankheit festgestellt. Von der Organisation „Wünsch dir
was" bekam sie eine Reise nach Paris geschenkt –
seitdem treibt sie selbst Geld für diese Organisation
auf.

Gutes für andere Menschen zu tun hilft dir dabei, deine eigenen Ängste und Unsicherheiten zu überwinden, Menschlich-
keit in die Praxis umzusetzen und ein Gefühl der Dankbarkeit
zu entwickeln. Nichts erfüllt einen so sehr, wie anderen selbstlos etwas Gutes zu tun.

Deshalb: Mach was aus deinem Leben! Du solltest ausge-
glichen, zuversichtlich, gesund und großzügig sein. Wenn du
dir das klarmachst, dann hast du einen großen Vorsprung im
Spiel des Lebens. Am Ende wirst du dir selbst dafür dankbar
sein – und dein zukünftiger Traumtyp auch. Ein Mädchen,
dem daran gelegen ist, gut auszusehen, weil sie einfach eine
gesunde Einstellung zu sich hat und nicht nur für andere gut
aussehen will, vermittelt etwas sehr Gesundes und Wichtiges:
Die erste Motivation trägt dich durch alle Bereiche deines Lebens. Die zweite Motivation führt dazu, dass du dich nur immer weiter mit irgendeinem Schrott eindeckst, weil dir etwas
fehlt, was du mit Schrott nicht ersetzen kannst.

Damit will ich nicht sagen, dass schicke Schuhe Schrott

sind. Darum geht es überhaupt nicht. Aber du weißt sicherlich, was ich meine. Dein eigenes Leben zu leben ist so wichtig wie die Luft zum Atmen. Und die Luft zum Atmen ist ungefähr so wichtig wie schicke Schuhe, schätze ich mal.

Kapitel 9

Das Wort mit den vier Buchstaben

Ein Hoch auf das Alphabet

Wenn du das hier gerade lesen kannst, dann hast du wohl das Alphabet gelernt und du weißt, dass sich Wörter aus einzelnen Buchstaben zusammensetzen. Ein bestimmtes Wort solltest du auf jeden Fall buchstabieren können. Es ist vielleicht das wichtigste Wort, das du jemals lernen wirst. Es ist gar nicht so schwer, und ich bin sicher, dass du es schaffen wirst. Dieses Wort wird dich dein Leben lang begleiten, und es schreibt sich so: *nein*.

Lies es ruhig einmal laut. Und jetzt sprich mir nach: *nein*. Lerne dieses Wort zu gebrauchen, und dein Leben wird um vieles einfacher sein. In diesem besonderen Zusammenhang ist das kein negatives Wort, sondern eine durch und durch positive Angelegenheit. Das Wort *nein* setzt eine Grenze, wahrscheinlich die deutlichste und wichtigste Grenze, die es gibt. Allerdings ist es auch eine der am schwersten zu lernenden Grenzen. Bist du immer noch nicht davon überzeugt, dass dieses kleine Wort mit gerade mal vier Buchstaben so wichtig ist? Dann ist hier noch ein weiterer Grund.

Kleiner Angsthase

Ich bin spät nach Hause gekommen, allein und im Dunkeln. Ich hatte dabei Angst, das gebe ich gerne zu. Ich hatte sogar vor einer ganzen Reihe von Dingen Angst, unter anderem vor streunenden Katzen; komischen, vom Wind verursachten Geräuschen; Pfützen; Papiertüten; vor Bigfoot und anderen Fantasiewesen, von denen ich weiß, dass es sie gar nicht gibt.

Aber die folgende Angstvorstellung habe ich nie gehabt: Ich gehe allein im Dunkeln nach Hause, als plötzlich ein Mädchen aus einem Gebüsch hervorspringt, mich k. o. schlägt und sich dann an mir vergeht. Diese Angst habe ich noch nie gehabt, und ich werde sie auch niemals haben. Wenn ich anderen Jungs davon erzähle, ernte ich als Reaktion nur Grinsen und Schmunzeln. Und zwar deshalb, weil Jungs sich vor so etwas nicht fürchten. Für Jungs ist das eher eine Fantasie als ein Albtraum. Denn wenn es um Bedrohung, körperliche Aggression und das Verhältnis von Jäger und Gejagtem geht, dann ist es meistens der Junge, der im Gebüsch lauert.

Nein sagen lernen

Wie oft hast du schon von einem Mädchen gehört, das in eine unangenehme Situation gebracht wurde? Wie oft hast du schon von einem Mädchen gehört, das mit einem Jungen weiter gegangen ist, als sie eigentlich wollte? Wie oft haben Mädchen schon ihre eigenen Werte, Grenzen und Moralvorstellungen verletzt, weil sie nicht in der Lage waren, klar *Nein* zu sagen? Die Antwort auf diese Fragen lautet: schon sehr oft!

In den USA wird eines von vier Mädchen im Laufe ihres Lebens Opfer sexueller Belästigung. 25 Prozent aller Mädchen, die du auf den Straßen siehst, machen diese schmerz-volle Erfahrung.[19] Nicht nur ihr Körper, auch ihr Herz wird dabei angegriffen, und manche erholen sich davon nie wieder. Sie erleben aus nächster Nähe das Schlechteste in den Menschen und müssen für die Schuld anderer bezahlen. Damit eines gleich klar ist: Das ist *nicht ihre* Schuld! Es gibt viele Gründe, warum so etwas passiert. Manchen kann man nicht aus dem Weg gehen: einem Vater, einem Familienangehöriger, einer Vergewaltigung nach einer Verabredung oder einem anderen Umstand, über den ein Mädchen nur sehr geringe oder gar keine Kontrolle hat.

Doch zum Glück gibt es auch Situationen, in denen solch schreckliche Übergriffe vermieden werden können, zumindest dann, wenn du um die Bedeutung des Wortes *nein* weißt. Die Anzahl der Mädchen, die gegen ihren Willen gedrängt werden, ihre Grenzen zu überschreiten, könnte sich drastisch reduzieren, wenn Mädchen lernen würden, selbstbewusst Nein zu sagen. Es ist eine Katastrophe, wenn einem Mädchen so etwas widerfährt. Deshalb: Werde nicht zu einem Fall in der Statistik. Dieser abschreckende Ausdruck allein kann vielleicht dazu beitragen, dass Mädchen so etwas Schreckliches nicht erleben müssen.

Wir müssen der Realität der Welt ins Auge sehen. Deshalb brauchen wir Grenzen.

Nein, ich bin nicht dein Vater, und ich bin auch nicht deine Mutter. Ich will dir nicht sagen, was du zu tun hast. Aber ich möchte betonen, wie wichtig Grenzen sind. Denn sie sind etwas Gutes und Positives. Viele Teenager denken bei Grenzen gleich an Regeln. Aber darum geht es nicht. Grenzen sind nichts Schlimmes. Es geht nicht darum, dir möglichst den Spaß im Leben zu verderben. Deine persönlichen Grenzen solltest du eher als notwendige, positive Eigenschaften ansehen. Stell dir Grenzen als das Salz in der Suppe vor. Wenn du als Mädchen eine genau richtig gesalzene Suppe bist, dann müssen die beiden Zutaten Grenzen und Freiheit genau dosiert werden. Kennst du die richtigen Mengen für diese Zutaten?

Schreibe zehn Aspekte auf, die gesunde Grenzen in einer Beziehung zu einem Jungen markieren:

1. _____

2. _____

3. _____

4. _____

5. _____

6. _____

7. _____

8. _____

9. _____

10._____

Schreibe zehn Dinge auf, die in einer Beziehung zu einem Jungen nicht in Ordnung sind:

1. _____

2. _____

3. _____

4. _____

5. _____

6. _____

7. _____

8. _____

9. _____

10._____

Die folgenden Fragen musst du nicht schriftlich beantworten, aber nimm dir Zeit, um über sie nachzudenken:

◎ Warum geraten Mädchen oft in unangenehme und Schaden anrichtende Situationen?

◎ Kannst du fünf Grenzen nennen, bei denen Mädchen oft Schwierigkeiten haben, sie Jungen gegenüber durchzusetzen?

- Warum geben manche Mädchen dem Druck eines Jungen nach und tun Dinge, die sie nachher bereuen, und andere Mädchen nicht?
- Sind Grenzen nicht dafür da, einen Hund auf dem Grundstück zu halten oder ein Kind davon abzuhalten, auf die Straße zu laufen und von einem Bulldozer angefahren zu werden? Die erste Antwort: Nicht in diesem Buch, Freundchen.
- Warum stehen meistens die Mädchen in einer Beziehung unter Druck und nicht die Jungs?

Dein Vorgarten

Musstest du schon mal den Rasen in eurem Garten mähen? Ist es nicht eigentlich seltsam, dass die Leute mit dem Mähen an einer unsichtbaren Linie aufhören, die ihren Garten vom Nachbargarten trennt? Das nennt man eine Grenze. Du kannst sie nicht sehen, aber sie existiert. Hast du schon mal darüber nachgedacht, was genau eine Grenze eigentlich ist? Was bedeutet dieser Ausdruck für dich, wenn du daran denkst? Und davon mal abgesehen – welchen Sinn hat eine Grenze überhaupt?

Nun, im Falle deines Vorgartens oder deiner Zimmertür markiert diese Grenze eine Linie. Damit verhält es sich ungefähr so wie mit der Grenze eines Grundstücks. Es gibt noch eine andere Art von Linie, nämlich deine eigene. Sie entscheidet darüber, was dir gehört und was nicht. Man kann sie sehr leicht erkennen, wenn jemand in unsere Privatsphäre eingedrungen ist. Jemand legt seine Hand an eine Stelle, die dir nicht recht ist, oder hält sein Gesicht zu nah an deines. Oder er fängt an, zu intime Fragen zu stellen, die du nicht beantworten möchtest. Gewöhnlich mögen wir es nicht, wenn andere Leute in unsere Privatsphäre eindringen, und es ist dann notwendig, ihnen die Linie zu zeigen, vor der sie anhalten müssen. Das ist vergleichbar mit einer Haustür, an die Leute zuerst klopfen müssen, bevor sie die Erlaubnis bekommen, sich drinnen umzuschauen. Das sind unsere Grenzen, und in der Regel erfüllen sie zwei Funktionen.[20]

Die erste Funktion der Grenzen besteht darin, dass sie dich definieren. Sie erinnern dich und andere daran, was du magst und was du nicht magst, was du erlaubst und was nicht. Grenzen zeigen den Menschen, wie nah oder wie weit entfernt wir sie haben wollen. Diese Grenzen sind *immer* da, aber meist erkennt man sie erst, wenn jemand sie überschritten hat.

Ihre zweite Funktion besteht darin, dich zu beschützen. Sie halten im Prinzip alles Schlechte von dir fern und ziehen das Positive an. Hast du schon mal die Redewendung gehört: „Wenn du nicht weißt, wofür du kämpfst, hast du schon verloren"? Genauso ist das auch mit Grenzen. Sie helfen dir, deinen Ruf zu verteidigen, deinen Körper, deine und anderer Leute Gefühle und deinen kostbarsten Besitz: dein Herz. Wie viele Mädchen kennst du, die ihren Körper und ihr Herz auf falsche Weise und dem Falschen gegenüber offenbart haben? Wenn du diese Grenzen nicht hast, ist die Gefahr viel größer, dass du dich gefährlichen Dingen aussetzt. So wie ein Mantel eine Grenze zwischen deiner Haut und der Kälte darstellt, so schützen auch deine persönlichen Grenzen die inneren (und manchmal auch die äußeren) Teile deiner Persönlichkeit.

Ein peinliches kleines Experiment

Ich nenne es auch „den Strohhalm in das Glas anderer Leute stecken". Versuch es mal selbst: Gehe auf ein Mädchen zu und bleib in gut anderthalb Meter Entfernung stehen, während du mit ihr sprichst. Schau ihr dabei in die Augen und komm einen knappen Meter näher. Rede weiter, und nach ein paar Sekunden rückst du ihr noch näher auf den Pelz, sodass du gerade noch 30 Zentimeter entfernt bist. Du kannst dabei einige interessante Reaktionen beobachten. Die wichtigste Lektion dabei ist: Dein Gegenüber wird sich von dir entfernen. Du bist ihr zu nahe gekommen und sie fühlt sich nicht wohl dabei. Das ist ein bisschen peinlich, aber auch lustig. Deshalb überleg dir ruhig noch andere Varianten für dieses kleine Experiment.

Stützräder

Wenn es um das andere Geschlecht geht, ist es für beide Parteien besser, wenn einige Dinge klar geregelt sind. Wenn du dir über deine eigenen Moralvorstellungen, deine Vorlieben, deine Grenzen und Werte im Klaren bist, beugt das vielen möglichen Missverständnissen vor. Grenzen sind ein wenig wie die Stützräder an einem Fahrrad. Sie halten dich aufrecht. Wenn ein Kind gleich beim ersten Mal versucht, allein auf einem Fahrrad zu fahren, gibt das in der Regel einen Unfall. Ich kann dir meine Narben zeigen, wenn du mir nicht glaubst. Die Stützräder helfen uns dabei, nach und nach das Fahren zu lernen, ohne uns dabei zu verletzen. So ist das auch mit den Grenzen in deinem Leben, gerade auch beim Thema Jungs. Je besser du deine eigenen Grenzen und Werte kennst, desto besser kannst du sie auch anderen rechtzeitig vermitteln.

Kristen

Kristen verabredet sich neuerdings mit Jungs. Ihre Freunde kennen ihren Ruf. Sie wird sich nicht gleich in eine Beziehung stürzen, erst recht nicht in eine körperliche. Sie ist ohnehin nur an Jungs interessiert, die sie respektieren, sie niemals unter Druck setzen und wissen, dass sie noch eine ganze Menge anderer Interessen im Leben hat. Sie ist nur an einem ausgeglichenen Jungen interessiert, mit dem sie ab und zu etwas unternehmen kann. Sie meint es auch ernst mit ihrem Glauben und wird eher von jemandem angezogen werden, der ihre Werte und ihre Glaubensüberzeugungen teilt. All das macht sie nicht nur mit sich selbst aus, sondern vermittelt es auch, sodass andere Menschen wissen, woran sie mit ihr sind. Es sind Eigenschaften, die ganz wesentlich für sie sind und von daher natürliche Grenzen darstellen. Sie werden ihr helfen, wenn es um Beziehungen mit Jungs geht.

Ich weiß nicht, wie du das siehst, aber ich halte Kristen für ein ziemlich schlaues Mädchen. Sie weiß, wo ihr Platz ist, und sie steht für etwas ein. Du und nur du kannst solche Grenzen für dich selbst ziehen. Ich habe schon mit sehr vielen Jugendlichen zu tun gehabt, die sich von anderen kontrollieren ließen. Egal, ob es um deine Gefühle, dein Bedürfnis nach Liebe, deine Zeit oder deine Werte geht – du solltest es nicht anderen überlassen, darüber zu bestimmen.

Beziehungen finden in der Realität statt

Irgendwann wirst du dich auch in einen Jungen verlieben und vielleicht mit ihm zusammen sein. Das ist ganz normal – so lange dort gesunde Grenzen gelten. Aber Beziehungen sind auch mit Risiken verbunden. Das heißt nicht, dass du ganz die Finger davon lassen sollst, aber deine persönliche Reife ist ganz entscheidend für das Ergebnis. Es ist wichtig, seine Partnerwahl von seinen Werten und seinem Verständnis davon, was eine Beziehung führen bedeutet, abhängig zu machen. Gesunde Grenzen sind der Schlüssel dazu, Spaß zu haben, in deiner Beziehung zu wachsen, deine Freiheit zu genießen, vielleicht sogar irgendwann die große Liebe zu erleben und dem Thema Jungen nicht ent-, sondern ermutigt gegenüberzustehen.

Hier ein paar Beispiele:

Ich weiß noch, wie ich mein erstes Auto gekauft habe. Es war ein ziemlich schicker SUV[21], mit dem ich sofort einen halben Meter größer war und der den Geruch des Glücks verströmte. Aber der Autokauf ist eine knifflige Angelegenheit. Man wird leicht übers Ohr gehauen und muss erst lernen, wie man richtig verhandelt und die Autos gut einschätzt. Ich wusste damals zumindest eines: wie viel Geld ich ausgeben und wie viel Auto ich dafür bekommen wollte. Jemand hatte mir außerdem den Rat gegeben, auch wieder zu gehen, wenn das Verkaufsgespräch ungünstig verlief. Wenn ich das nicht im Voraus bedacht hätte, wäre ich wahrscheinlich übers Ohr gehauen worden.

Es gab einen Verkäufer, der mir sofort mein ganzes Geld abluchsen wollte. Er fing an, mich unter Druck zu setzen, und nach der Testfahrt zückte er sofort den Vertrag, den ich an Ort und Stelle unterschreiben sollte! Das schien mir ein schlechtes Geschäft zu sein. Ich spürte den Druck, was mir nicht gefiel, und sagte einfach nur: „Moment mal! Ich hab nicht gesagt, dass ich jetzt sofort einen Wagen kaufen will, und mir gefällt auch nicht, wie Sie mich unter Druck setzen." Weißt du, wie der Verkäufer reagiert hat? Er meinte nur: „Gut, wie Sie wollen, ich habe auch noch was anderes zu erledigen", und ließ mich einfach stehen. Ziemlich unverschämt. Es hätte aber auch schlimmer kommen können – wenn ich nämlich nicht vorbereitet gewesen wäre und dem Druck nachgegeben hätte.

Ich bin insgesamt zwei Mal unverrichteter Dinge wieder abgezogen, ehe sie mir das Auto zu einem sehr guten Preis gegeben haben.

Bei dieser Geschichte geht es natürlich nicht darum, dir ein paar Tricks für den Autokauf beizubringen. Aber wenn du verstehst, wie wichtig Grenzen sind, wird dir das nicht nur helfen, das beste Auto zu finden, sondern auch den besten Jungen. Überlege dir im Voraus, was du willst, setze Grenzen und kenne deine Schwächen, bevor du dich in eine Situation begibst – dann wird das Ende in der Regel besser ausfallen.

Ein anderes Beispiel, das auch für Mädchen interessant ist

Ich habe mich mal während meiner Schulzeit mit einem Mädchen verabredet. Mein Kumpel war mit einem Mädchen zusammen, die eine Freundin hatte, also beschlossen wir, zu viert etwas zu unternehmen. Das war im Herbst, in der Football-Saison, deswegen hatten wir die Samstagabende frei.

Zu dieser Zeit in meinem Leben hatte ich eigentlich eine sehr gesunde Einstellung in Bezug auf meine Freundschaften und Beziehungen zu anderen Menschen. Ich wollte gar nicht so viel mit Mädchen ausgehen, ich wollte mich nicht blind verlieben und ich wollte mich und die Mädchen gleichermaßen respektieren. Ich wollte auch keinen Alkohol trinken, weil ich damit nämlich schon schlechte Erfahrungen gemacht hatte. Ich hatte einfach nur vor, ein wenig Spaß zu haben und vielleicht einen neuen weiblichen Freund zu gewinnen. Ich hatte wirklich nicht vor, das zu einer romantischen Angelegenheit werden zu lassen. Halte mich für verrückt, aber ich wollte einfach nur einen netten Abend erleben.

Aber daraus wurde leider nichts. Und ich bin mächtig froh, dass ich mir über einige dieser Dinge schon frühzeitig klar geworden war. Das Mädchen war so ziemlich das Gegenteil von mir zu der Zeit. Sie war total auf sich selbst bezogen, schwärmte von ihrem neuen Auto und redete davon, wie viel Geld ihre Eltern hatten – und zwar den ganzen Abend. Sie wollte unbedingt trinken und betonte immer wieder, dass es so viel lustiger wäre. Es war wirklich unangenehm in ihrer Gegenwart. Versteh mich nicht falsch, ich wünsche ihr nur das Beste und hoffe, dass sie das inzwischen abgelegt hat, aber an diesem Abend war es einfach schrecklich.

Als sie uns immer weiter zum Trinken ermuntern wollte, sagte ich schließlich: „Was ist denn so toll am Trinken? Sind wir so schrecklich, dass du uns, ohne zu trinken, nicht ertragen kannst?" Sie war sprachlos. Dann war sie beleidigt und tat so, als sei ich nicht ganz normal, weil ich Trinken nicht für das Tollste auf der Welt hielt. Oh Mann! Ich sollte vielleicht noch erwähnen, dass ihr Outfit auch nicht sehr überzeugend war. Es stellte eher ihren Körper als ihre Persönlichkeit in den Vordergrund, und das machte die Sache für uns beide nicht gerade einfacher.

Irgendwann reichte es mir dann, und ich teilte ihr nur kurz mit, dass ich den Abend wenig unterhaltsam fand und lieber früher nach Hause gehen wollte. Das passte ihr natürlich nicht, aber wem hat das wohl überhaupt nichts ausgemacht? Bingo – meiner Wenigkeit!

Mädchen mögen es, wenn ein Junge sich über seine Grenzen, Pläne, Ziele und Moralvorstellungen im Klaren ist. Vielleicht nicht alle Mädchen – wie bei meinem Beispiel weiter oben –, aber diejenigen, die so ein Junge in seiner Nähe haben möchte, wissen das an ihm zu schätzen. Sie wissen unter Umständen gar nicht, dass ihnen das gefällt, oder sprechen es zumindest nicht aus, aber es erleichtert das Zusammensein ungemein, wenn der andere einige Regeln und Richtlinien in seiner Persönlichkeit verankert hat. Es ist zum Beispiel einfacher, mit einem Jungen Zeit zu verbringen, der mit seiner Handlungsweise zeigt, dass er dich nicht ausnutzen, im Gespräch unter Druck setzen oder unpassende sexuelle Anspielungen machen wird, als mit einem, der das nicht zeigt. Weißt du jetzt, was ich meine?

Umgekehrt gilt das genauso. Jungs mögen Mädchen, die das zumindest teilweise schon verstanden haben. Nicht alles, das ist ja ein Lernprozess, aber zumindest die Ansätze. Außerdem ist das auch eine Art natürliche Auslese. Was du durch deine Handlungen und Wertvorstellungen ausdrückst, zieht manche Menschen an und stößt andere ab. Eines kann ich dir versichern: Wenn du versuchst, im Voraus zu überlegen, was du willst, in deinem Leben Grenzen setzt und verschiedene Situationen in Gedanken durchspielst – besonders solche mit Jungen –, dann wird dieses ganze Jungen-Mädchen-Ding für dich deutlich problemloser ablaufen, als wenn du „mal schaust, was kommt".

Setzt du dir und anderen Grenzen?

1. Du bist bei einer Party schon länger mit einem Jungen im Gespräch. Plötzlich macht er eine Bemerkung über deinen Körper, die wohl als Kompliment gedacht ist, aber trotzdem nicht angemessen ist. Wie verhältst du dich?

a) Du fühlst dich nicht ganz wohl dabei. Du sagst dir aber selbst, dass du nicht so kleinlich sein und einfach das Kompliment darin sehen solltest.

b) Du freust dich über das Kompliment, denn „Worte sind eh nur Schall und Rauch, so sind Jungs eben".

c) Du weist ihn höflich darauf hin, dass das unangemessen ist. Außerdem bittest du ihn, damit aufzuhören, und sprichst lieber mit jemand anderem.

2. Wie wirkt sich Alkohol deiner Meinung nach auf deine Fähigkeit aus, Nein zu sagen?

a) Das hängt davon ab, wie viel du trinkst.

b) Du würdest immer noch wissen, was richtig und was falsch ist.

c) Du würdest vielleicht ein bisschen nachgiebiger und abenteuerlustiger werden.

3. Du und dein Freund seid ineinander verliebt, und du weißt, dass du ihn heiraten wirst. Ist es dann in Ordnung, mit ihm zu schlafen?

a) Darüber hast du noch nie nachgedacht.

b) Du bist dir nicht sicher, ob das richtig oder falsch ist.

c) Du hast eine klare Meinung dazu.

Jetzt zähle deine Punkte zusammen:
Für a) gibt es jeweils 3 Punkte, für b) 2 und für c) 1.

Dein Ergebnis:

8–9 Punkte:
Nein. Du bist dir oft nicht einmal sicher, was richtig und was falsch ist.

5–7 Punkte:
Auf keinen Fall. Du bist viel zu nachgiebig in potenziell gefährlichen Situationen.

3–4 Punkte:
Ja. Du kennst die Grenzen und bist entschlossen, auf der „richtigen" Seite zu bleiben.

Hier ist die Geschichte von Heather:
„Wow, die Bilder sind echt klasse!" Heather war schwer beeindruckt von Tims Kunst. Vielleicht hatte es ja doch sein Gutes, dass sie mit zu ihm nach Hause gegangen war. Na gut, sie kannte ihn kaum, aber Tim schien ein netter Junge zu sein und er war ein *wirklich* guter Zuhörer. So etwas hatte Heather noch bei keinem anderen Jungen erlebt. Sie hatte zunächst Bedenken gehabt – Tims Eltern waren nicht zu Hause –, aber diesem Lächeln konnte sie einfach nicht widerstehen. Sie

musste kichern, wenn sie nur daran dachte. Und außerdem: Sie mussten beide für die Geschichtsklausur am nächsten Tag lernen, also warum nicht? „Oben sind noch mehr Bilder", sagte Tim.

Okay, irgendwie hatte sie ein ungutes Gefühl dabei. Ihr Magen verkrampfte sich, als wollte er sie warnen. Sie sagte sich, sie solle nicht albern sein, und folgte Tim die Treppe hinauf. Dabei stellte sie ihm ein Bein, er stolperte und sie mussten beide lachen. Oben bog er um die Ecke und sprang dann plötzlich wieder hervor, als wollte er sie erschrecken. Aber dann umarmte er sie und sagte: „Ich wollte dich schon den ganzen Tag in den Arm nehmen." *Da ist ja nichts dabei*, sagte sich Heather, obwohl sie sich schon ein wenig überrumpelt vorkam. Sie erwiderte seine Umarmung; einen Moment lang standen sie so da, eng umschlungen. Dann sagte Heather: „Wir sollten jetzt mal mit dem Lernen anfangen." Tim ließ sie los und sagte: „Ach, mach dir deshalb keine Sorgen, wir haben Zeit genug. Ich will dir noch ein paar Bilder zeigen." Sie gingen den Flur entlang bis zu seinem Zimmer. Auf der Tür hing ein Poster ihrer Lieblingsband! Er öffnete sie und ging hinein. Heather zögerte kurz, irgendwas stimmte da nicht. Ihre Eltern würden ihr was erzählen, wenn sie wüssten, dass sie bei einem Jungen war, während dessen Eltern nicht da waren. Nicht nur das, jetzt war sie auch noch dabei, mit ihm in sein Zimmer zu gehen. Er schnappte ihre Hand und zog sie hinein.

Er zeigte ihr das Zimmer, hob seine Bilder und einige Baseballtrophäen hervor. Er musste schon in zwölf verschiedenen Ländern gewesen sein, seine Regale und Kommoden waren voll von Fotos und Souvenirs. Er setzte sich auf sein Bett und sah zu, wie sie ein Familienporträt in die Hand nahm und auf seine Geschwister zeigte. Er winkte sie zu sich und sie brachte das Bild mit. Gemeinsam lachten sie darüber, dass er wie seine Mutter aussah. Und dann passierte es.

Gerade lachten sie noch über seine Familie, und plötzlich hatte Tim den Arm um sie gelegt. „Ich mag, wie du mich umarmst", sagte er. „Und dein Haar riecht so gut." Er lachte und legte seine Hand auf ihr Bein, während er sie mit dem anderen Arm immer noch an sich gedrückt hielt. Heather nahm seine Hand von ihrem Bein. Er umarmte sie weiter und legte die Hand zurück auf ihr Bein.

Das war jetzt weit genug gegangen. Heather stieß Tim von sich und sagte ihm, dass sie sich nicht wohlfühle mit dieser ganzen Umarmerei. Tim meinte verächtlich, sie solle sich nicht so anstellen. „Ich stelle mich nicht an", sagte sie. „Ich bin gekommen, um mit dir zu lernen, Tim. Es ist nicht so, dass ich dir nicht vertraue, aber deine Eltern sind nicht da und ich habe kein gutes Gefühl dabei, wenn du mich so berührst wie gerade eben. Ich bin sicher, dass du das respektieren kannst."

„Meine Güte, na gut", sagte Tim. Peinlich berührt stand er auf, stürmte aus dem Zimmer und nach unten. Heather war klar, dass er keinerlei Interesse am Lernen hatte. Sie packte ihre Sachen, erklärte ihm, dass sie lieber bei sich lernen wollte, und ging.

So wie Leitplanken an einer kurvenreichen Straße sind Grenzen nicht dafür da, um ihre Belastbarkeit zu prüfen. Vielmehr sollen sie uns davor bewahren, verletzt zu werden oder andere oder sogar uns selbst zu verletzen, insbesondere in Situationen, die außer Kontrolle geraten.

Deine Aufgabe

Es ist nicht deine Aufgabe, einen Jungen zufriedenzustellen. Deine erste Aufgabe ist es, dich selbst zu schützen. Eine der einfachsten Möglichkeiten besteht darin, das Wort *nein* in deinen aktiven Wortschatz aufzunehmen. Dieses Wort setzt eine klare Grenze und hilft dir auf ganz natürliche Art dabei, deinen eigenen Entscheidungen zu vertrauen. Das betrifft nicht nur die körperlichen Grenzen gegenüber drängenden Freunden oder Jungen, sondern geht weit darüber hinaus. Es geht darum, wen du wie weit in dein Leben lässt, welche Freundschaften du haben wirst und wie groß das Maß an Selbstachtung ist, das du ohne Scheu vermittelst – dir selbst und anderen.

Erfolgreiche Frauen

Gibt es ein anderes Mädchen, das du wirklich bewunderst? Vielleicht ist sie ein wenig älter als du und hat schon mehr Erfahrung in Beziehungen. Ich habe in den letzten Jahren eine ganze Menge Leute getroffen. Manche von den Mädchen sind von einem ganz besonderen Kaliber, das mir sofort auffällt. Mädchen, die gute Freundschaften, Beziehungen, Karrieren oder Ehen haben, teilen alle eine gemeinsame Eigenschaft. Sie haben kein Problem damit, Nein zu sagen. Das hilft ihnen, sie selbst zu sein, und stärkt das Vertrauen auf ihre Werte und Grenzen. Und weißt du was? Die Leute respektieren gerade das an ihnen. Du musst aber nicht erst alt werden, um dieses Selbstvertrauen zu haben. Ich erlebe es oft bei Jugendlichen – egal ob Junge oder Mädchen. Es macht ihr Leben einfacher, und sie haben dadurch auch mehr Freude an ihren Freundschaften und Beziehungen.

Diese beiden Fragen helfen dir dabei herauszufinden, wie sicher du im Neinsagen bist:

- In welchen Situationen hast du *kein* Problem damit, Nein zu sagen?
- In welchen Situationen hast du ein Problem damit, Nein zu sagen?

Schwer zu erobern – leicht zu respektieren

Ich habe das schon erwähnt, aber man kann das nicht oft genug sagen: Jungs mögen es, wenn sie sich etwas erarbeiten müssen. Oder zumindest schätzen wir etwas mehr, wenn wir uns dafür anstrengen mussten. Wenn es also um deine Freundschaft, deine Zeit, deine Aufmerksamkeit oder deine Zuneigung geht – wie sehr muss sich jemand dafür anstrengen?

Das Ganze ist kein Spiel, und du solltest deshalb auch keines spielen, wenn es um Freundschaften und Beziehungen geht. Dennoch ist mir aufgefallen, dass an Mädchen, die den Eindruck machen, etwas Besonderes zu sein, oft schwer ranzukommen ist. An Mädchen, die vernünftige Jungs anziehen, ist nicht so leicht heranzukommen. Je mehr ein Mädchen sich seines eigenen Wertes bewusst ist, desto kritischer wählt es offenbar auch aus, wen es in sein Herz lässt, und desto eher bleiben die unvernünftigen, gefährlicheren Jungs außen vor, während die guten angezogen werden.

Es geht dabei nicht um die Anzahl. Klasse ist hier sehr viel wichtiger als Masse. Je mehr du dir deines Wertes auf gesunde Art bewusst bist, desto verschlossener ist dein Herz vielen Menschen gegenüber; und je deutlicher du vermittelst, wer du bist und wer du nicht bist, desto mehr steigt dein Wert. Ein

Tipp: Alles hat seinen Wert, aber es liegt ganz allein an dir, ob du diesen Wert zu schätzen und zu steigern lernst und mehr über die einzigartige Person herausfindest, als die dich Gott geschaffen hat.

Wie leicht oder schwer kommt man an dich heran?

1. Ein gut aussehender Junge, der wie du als Mitarbeiter bei der Kinderfreizeit dabei ist, flirtet mit dir. Du bist dir nicht sicher, ob du ihn wirklich nett findest. Wie verhältst du dich?
a) Du genießt die Aufmerksamkeit und flirtest zurück.
b) Du bist freundlich, aber lässt ihn deutlich wissen, dass du nicht interessiert bist.
c) Du lässt dich auf einen harmlosen „Urlaubsflirt" ein – lieber ein gut aussehender Junge als gar keiner, oder?

2. Ein süßer Junge ist neu in deiner Gemeinde, und du magst ihn. Wie verhältst du dich?
a) Ohne etwas zu sagen, lässt du ihn (und alle anderen) das wissen.
b) Du verrätst es nur deiner absolut verschwiegenen besten Freundin und wartest ab, ob er Interesse an dir zeigt.
c) Du erzählst es deinen Freundinnen, in der Hoffnung, dass er auf diese Weise auch Wind davon bekommt.

3. Stell dir Folgendes vor: In der Mittagspause stehen schlagartig alle deine Freundinnen vom Tisch auf,

sodass du mit dem Jungen allein dasitzt, in den du heimlich verknallt bist. Wie verhältst du dich?

a) Du wirst leicht panisch, denkst dir schnell einen coolen Spruch aus und hoffst, dass er sich nicht auch noch unter einem Vorwand aus dem Staub macht.

b) Du nutzt diese Gelegenheit, um mal in Ruhe mit ihm zu sprechen und ihn besser kennenzulernen.

c) Du setzt deine ganzen Flirttricks ein.

Jetzt zähle deine Punkte zusammen:
Für a) gibt es jeweils 3 Punkte, für b) 2 und für c) 1.

Dein Ergebnis:

8–9 Punkte:
Du bist nicht sehr zugänglich, aber auf eine ungute Art. Du sendest die falschen Signale aus, sodass die Jungen nicht aus dir schlau werden.

5–7 Punkte:
Du lässt nicht so leicht jemanden an dich heran, und zwar auf eine gute Art. Du wirfst dich nicht gleich jedem an den Hals und hechelst nach Aufmerksamkeit.

3–4 Punkte:
Du bist auf eine schlechte Art sehr zugänglich. Du möchtest unbedingt Aufmerksamkeit und Zuneigung von Jungs bekommen, ob du sie magst oder nicht – als wäre das ein Spiel, bei dem es nur um deine Erfolgschancen geht.

Keine Angst

Wenn jemand davor zurückschreckt, klare Grenzen zu setzen, dann hat das meistens einen Grund: Angst. Sei es Angst vor Ablehnung oder Zurückweisung, Angst vor unangenehmen Situationen oder was auch immer, diese Angst kann uns unser Selbstbewusstsein rauben. Die Bibel lehrt, dass Gott die Vögel und die anderen Tiere versorgt (vgl. Matthäus 6,26). Sollten wir uns da sorgen, dass Gott nicht auch groß genug ist, um uns das zu geben, was wir brauchen?

Hast du über diesen Bibelvers schon einmal gründlich nachgedacht? Manchmal haben wir Angst, dass uns jemand nicht mehr mag, wenn wir ihm nicht das geben, was er seiner Meinung nach braucht. Manchmal ist es uns wirklich wichtig, dass eine bestimmte Person uns mag, und wir möchten sie nicht verärgern. Manchmal fürchten Mädchen, dass ein Junge sie nicht lieben wird, wenn sie ihm nicht die Art von Liebe zeigen, zu der er sie nötigt. Welche Umstände es auch sein mögen: Hab *keine* Angst. Gott liebt dich, er ist deine Rückendeckung. Er sorgt für dich und macht dir Mut, dich selbst zu achten. Darum geht es beim Neinsagen. Es geht darum, dich selbst wichtig genug zu nehmen, um Dinge abzulehnen, die nicht gut für dich sind.

Ein zufriedener Gott

Gott wünscht sich so sehr, dass wir glücklich sind. Du verbietest einem Kleinkind ja nicht deshalb, mit der Steckdose zu spielen, weil du ihm den Spaß verderben willst. Du tust das, um es zu schützen. Gott möchte, dass wir uns auch selbst schützen, damit wir voller Zufriedenheit, Reinheit, Freude und Frieden sind. Er möchte, dass wir ihm vertrauen. Wenn wir uns vornehmen, ihm zu gefallen, ist es plötzlich nicht mehr so wichtig, anderen zu gefallen. Er sagt nicht, dass das immer leicht sein wird. Tatsächlich kann das manchmal sogar ganz schön anstrengend sein, wie du sicher auch schon erlebt hast. Aber ich habe herausgefunden, dass die besten Momente in meinem Leben – inklusive Freundschaften und Beziehungen – meistens das Ergebnis eines mühsamen Kampfes waren. Aber das mit Abstand beste Mittel, um diese Kämpfe durchzustehen, waren Selbstachtung und ein gesundes Selbstbewusstsein im Hinblick auf Grenzen. Wenn du lernst, Nein zu sagen, bekommst du auf Anhieb ein viel besseres Verständnis für deine eigenen Grenzen. Du baust damit keine Hindernisse auf, sondern öffnest dir den Zugang zu all dem Guten, das du bejahen kannst. Und zu positiven Dingen Ja zu sagen macht einfach viel mehr Spaß als zu negativen.

Kapitel 10

Freundschaft – darauf kommt's an

Ich mag Mädchen, die auch mal einen Schlag austeilen können und so. Und weil sie gut riechen. Es ist gut, wenn sie beides erfüllen.
Ben, 16 Jahre, der Mädchen echt mag

Es gibt ein Wort, das Jungs manchmal für Mädchen verwenden. Es ist ein ganz gewöhnliches Wort, aber wenn ein Junge es benutzt, um ein Mädchen zu beschreiben, dann ist das etwas anderes, etwas Besonderes. Jungen verwenden es für ganz unterschiedliche Dinge, die sie mögen, aber in Hinblick auf ein Mädchen bekommt es eine noch stärkere Bedeutung; es ist fast schon etwas Heiliges. Das Wort, das ich meine, ist *cool*.

Seitdem ich mein letztes Buch geschrieben habe, ist etwas echt Cooles passiert. Ich kniete mich am Strand vor einem Mädchen nieder und sagte einige sehr wichtige Dinge. Dann holte ich einen Ring hervor und fragte meine Freundin, mit der ich seit zehn Jahren zusammen war, ob sie meine Frau werden wolle.

Für gewöhnlich bin ich nicht sehr nervös. Selbst vor Tausenden von Leuten rede ich ganz normal und mache mir nicht allzu viele Sorgen. Wenn ich Fallschirm springe oder surfe oder boxe, dann denke ich überhaupt nicht daran, dass sich mein Fallschirm nicht öffnen, eine riesige Welle mich verschlucken oder ein Gegner mich k. o. schlagen könnte. Aber als ich vor einer lächelnden Brünetten an diesem wunderbaren Strand kniete, war ich mehr als nur nervös. Ich versuchte, Haltung zu bewahren, aber mein Herz schlug mir bis zum Hals. Das war der nervenaufreibendste Augenblick meines Lebens. Offenbar war das gut so, denn sie fand das irgendwie süß. Mädchen mögen es ja, wenn Jungs mal nervös werden. Ein starker Mann, der mir richtig wehtun kann, macht mich nicht nervös; aber eine nicht mal 1,60 Meter große Brünette, die sich zwischen den beiden Wörtern *ja* und *nein* entscheiden kann, zwingt mich zu Boden – im wahrsten Sinne des Wortes.

Einer der Gründe, warum ich Laura so sehr mag, hat damit zu tun, dass ich weiß, wer sie ist. Und ich weiß das schon seit Jahren. Das ist der Vorteil einer Freundschaft. Meistens lernt man jemanden im Rahmen einer Freundschaft besser kennen, als wenn man ständig Schmetterlinge im Bauch hat. Ich kannte nicht nur ihre tollen Seiten, sondern auch die unangenehmen Dinge, ihre Kämpfe und Fehler. Ich kenne das von mir selbst, und deshalb konnte ich das glücklicherweise nachvollziehen. Es hat etwas sehr Tröstendes, wenn man jemanden, der ebenfalls Fehler macht, nicht nur verstehen kann, sondern ihm auch dabei zusehen kann, wie er sich entwickelt und dazulernt; das hat etwas zutiefst Menschliches. Das ist wahrscheinlich der angenehmste Gedanke dabei, wenn man sich entschließt, mit jemandem den Rest seines Lebens zu verbringen – dass man nämlich bereits der beste Freund dieser Person ist.

Es ist schon erstaunlich und auch ganz schön ironisch, wie sehr Mädchen sich Sorgen machen, dass sie nur mit jemandem befreundet bleiben und keine romantische Beziehung eingehen – denn in Wahrheit ist es gewöhnlich genau umgekehrt. Ganz selbstlos beste Freunde zu sein ist wahrscheinlich der beste Anfang für eine Beziehung. Für mich bedeutet das, zuallererst an das Wohl des anderen zu denken und nicht an meine Interessen. Mir lag Laura immer sehr am Herzen und ich ihr auch. Dass sie meine Freundin war, hat mich am meisten zu ihr hingezogen.

Da bin ich also, knie vor einer kleinen Brünetten und frage sie, ob sie mich genug mag, um meine Frau zu werden. Zu meinem Glück hat sie Ja gesagt. Auch vor dem Altar hat sie Ja gesagt, so wurde das Ganze offiziell. Nun reisen wir oft zusammen, ich muss mehr Ordnung halten als früher, und sie muss den Leuten erklären, dass sie mit Nachnamen Eastham heißt und nicht East Man. Normalerweise würde ich nicht so viel von mir selbst erzählen, aber dass ich es hier doch tue, hat einen Grund. Laura und ich haben uns als Teenager kennengelernt. Wir haben uns angefreundet, als ich 16 Jahre alt war. Ich fand sie unglaublich süß, und irgendwann hatte ich auf einmal die stille Hoffnung, dass ich ihr irgendwie auffallen könnte. Ich fragte mich, ob ein Mädchen wie sie jemals einen Jungen wie mich mögen würde. Offenbar tat sie das aber, zumindest ein bisschen. Sie hat es mir nie wirklich gesagt. Ich habe aber auch nicht davon gesprochen. Stattdessen taten wir etwas viel Besseres – auch wenn du jetzt mit den Augen rollst –: Wir wurden Freunde.

Ich sage das deshalb, weil du ja weißt, was Freunde zusammen tun, oder? Irgendwas, genau. Freunde machen einfach irgendwas zusammen. Vergiss die Romantik mal für einen Augenblick und denk an all das, wovon sie dich abhalten kann. Auf Bäume klettern, Höhlen erforschen, Basketball spielen, gemeinsam ehrenamtlich arbeiten, reiten, in andere Länder reisen und dort den Leuten helfen oder einfach nur stundenlang zusammensitzen und quatschen. Meiner Erfahrung nach kann ein plötzliches Verliebtsein gerade verhindern, dass man die Dinge gemeinsam unternimmt, die einem helfen, einander besser kennenzulernen.

Na ja, ich will's mal nicht übertreiben. Was ich eigentlich sagen wollte: Weißt du, was mir an meiner Frau am besten gefällt? Am allerallerbesten? Und zwar zu einem Großteil der Zeit, nicht nur in romantischer Hinsicht?

Mir gefällt, dass sie cool ist.

So denke ich über sie. Natürlich finde ich auch, dass sie schön ist. Aber ich kann mehr mit einer Frau anfangen, die im Gebirge zurechtkommt, als mit einer, die nur schön ist. Zum Glück hat sie beide Vorzüge. In meinen Gedanken sage ich zu mir selbst mit einer männlichen Stimme: *Mann, ich hab eine echt coole Frau. Ich mag sie wirklich.* Natürlich sind auch Liebe, Romantik, Intimität und das ganze andere Gänsehautzeug wichtig, aber das macht eben nicht den Großteil unserer gemeinsamen Zeit aus. Der unterm Strich hilfreichste Faktor – sei es für die Kennenlernphase, für die Ehe, fürs gemeinsame Abhängen, für Intimität oder für alles andere, was mit Jungs und Mädchen zu tun hat – sieht so aus: zu wissen, wie man ein Freund ist. Es ist sehr schwer, jemanden zu mögen, den man sich nicht auch als guten Freund vorstellen kann. Es kann manchmal dauern, bis den Leuten das klar ist, aber früher oder später erkennen sie das alle.

Meine Frau macht einfach alles gerne. Sie ist immer bereit, etwas Neues auszuprobieren. Sie springt aus einem Flugzeug, isst komisches Essen, reist mit dem Rucksack einen Monat lang durch Thailand, wohnt mit mir in einem Bus, fährt mit dem Snowboard, trainiert mit mir, bringt mir das Zeichnen bei oder freundet sich mit jedem an, der auch ein wirklicher Freund sein will. Das ist sicher nicht jedem wichtig, aber mir ist das wichtig. Wenn meine Kumpel über meine Frau sprechen, dann sagen sie: „Alter, deine Frau ist klasse. Sie ist echt cool, das ist unglaublich." Nur mal so am Rande: So ein Kommentar ist das höchste Kompliment, das Jungs einem Mädchen machen können. Jungs reden vielleicht viel über das Aussehen von Mädchen, aber wenn es darum geht, viel Zeit mit jemandem zu verbringen, dann erkennen sie schnell, dass es nicht ausreicht, jemanden nur gerne anzugucken, sondern dass man auch seine Gemeinschaft schätzen muss. Deshalb mögen wir unsere Freunde.

Mir gefällt, dass meine Frau mein Freund ist. Das ist das Fundament für alles andere in unserer neuen Beziehung. Mir gefällt auch, dass sie mir manchmal einen Knuff versetzt, entweder nur zum Spaß oder um mich zur Ordnung zu rufen. Und dabei riecht sie auch noch gut. So langsam verstehe ich, was der Typ mit dem seltsamen Zitat am Anfang des Kapitels meinte.

So, das war jetzt aber genug von mir – zurück zu dir.

Du bist ganz normal? Super!

Unterschätze nicht den Wert, den es hat, ganz normal zu sein. Denn für Jungs hat das Wort *normal* etwas Beruhigendes. Vor allem mögen sie es gar nicht, wenn der Umgang mit anderen Leuten in ihrem sozialen Umfeld in Stress ausartet. Wenn also alles ganz normal läuft – ein besseres Wort gibt es dafür nicht –, dann sind wir entspannt. Normal ist immer besser als Stress.

Normal ist aber auch ziemlich vage. Hier eine kleine Auswahl von Aussagen darüber, was Jungs an Mädchen gefällt, mit denen sie in ihrem sozialen Umfeld zu tun haben. (Ich entschuldige mich schon jetzt für ihre Grammatik.)

„Mädchen, mit denen du einfach cool chillen kannst und reden und so, und mit denen du einfach irgendwas machen kannst."

„Ey, was soll die Frage überhaupt? Ich hab ein voll komisches Gefühl dabei."

„Manchmal, also wenn wir so mit mehreren zusammen sind und da sind Mädchen dabei, also dann stressen sich die Jungs nicht so die ganze Zeit."

„Keine Ahnung, Jungs reden halt meistens nicht so viel, und wenn Mädchen dabei sind, passiert halt immer irgendwas."

„Mir gefällt, dass Mädchen irgendwie mehr Schwung haben und sich für Sachen begeistern, so kommt mir das zumindest vor. Ja, die begeistern sich schon mehr als ich."

„Die stellen immer Fragen, und so reden wir dann auch mal über was anderes als Filme und Videospiele, und das ist schon irgendwie cool. Außer wenn das Sachen sind, über die ich nicht so gerne rede."

„Ich mag Mädchen, die einfach gute Kumpel sind und nicht immer von Beziehungen und so Zeugs labern."

„Die kochen gerne und backen Plätzchen und so, oder? Das ist schon 'ne feine Sache, sag ich mal."

Weißt du jetzt, worauf ich hinauswill? Ich habe noch jede Menge solcher Aussagen auf Lager. Das Lustige daran ist, dass die meisten Jungs überhaupt nicht gerne über so etwas sprechen. Das ist fast schon süß – würde ich sagen, wenn ich nicht – aber zu spät, jetzt hab ich's schon gesagt. Das kommt davon, dass ich so viel mit Mädchen zusammen bin.

Im Allgemeinen mögen Jungs natürliche, unkomplizierte Mädchen, die ihr soziales Leben nicht zu sehr durcheinanderwirbeln. Etwas in dieser Art findet sich in ganz vielen Aussagen. Etwas verkürzt kann man sagen: Je normaler du bist, desto eher bist du wie ein Freund. Und Freunde mögen wir ja. Dann fühlen wir uns auch selbst wohler, und das hat mit einer der mir am meisten gestellten Fragen über Jungs zu tun: *Warum benehmen sich Jungen so anders, wenn man allein mit ihnen ist, als in Gesellschaft von anderen Leuten?*

Immer und überall fragen mich das die Mädchen. Ich schätze, es ist sogar die allerhäufigste Frage. Die Antwort zeigt etwas sehr Wichtiges über Jungs und unser manchmal komisches Verhalten. Ich weiß, dass die Zeit als Teenager für Mädchen genauso kompliziert sein kann wie für Jungen. Aber ihr solltet wissen, dass es auch für Jungs ein weiter Weg ist, bis sie sich so annehmen können, wie sie sind.

Bist du dir schon über alle Aspekte deiner Persönlichkeit im Klaren? Siehst du, und bei Jungs ist das nicht anders. So einfach ist das. Bei Jungs kommt noch hinzu, dass ihre Gefühle und ihr logisches Denken nicht so Hand in Hand gehen wie bei euch Mädchen. Das hat zur Folge, dass Jungs oft viel stärker zwischen ihrem Sozialleben und ihren Liebesbeziehungen unterscheiden als Mädchen.

Jungen werden außerdem von anderen Jungen auf Trab gehalten. Wenn ein Junge in Gegenwart anderer ständig nur an seiner Freundin hängt, wird ihm das Leben ganz schön schwer gemacht. Wenn man außerdem berücksichtigt, dass es Jungs sehr wohl wichtig ist, was andere Jungs über sie denken (auch wenn sie sich das nicht anmerken lassen), dann verwundert es nicht, dass viele Jungen zwei ganz unterschiedliche Verhaltensweisen als Freund entwickeln: einmal allein mit der Freundin und dann in der Öffentlichkeit.

Es gibt jede Menge Jungs auf der Welt. Deswegen gibt es nicht *den* Jungen. Ich habe viele Jungen erlebt, die technikbegeistert sind, und solche, die sich in der Öffentlichkeit stets sehr zurückhalten. Vielleicht hilft es dir, wenn du dir vorstellst, dass Jungs verschiedene „Betriebsarten" haben. Wenn andere Jungs in der Nähe sind, möchte ein Junge nicht unbedingt in den Modus des „gefühlvollen, Händchen haltenden Freundes" wechseln. Du hast ja auch verschiedene Stimmungslagen, und genauso kann es auch einem Jungen schwerfallen herauszufinden, welches Verhalten von einer Situation zur anderen am besten zu ihm passt.

Das kann verwirrend sein, aber versuch am besten gar nicht erst, das besser zu verstehen. Das hören Mädchen nicht gerne, aber lasst den Jungs einfach ein paar Jahre Zeit und sie werden sich auch in dieser Hinsicht entwickeln. Vielleicht nicht so schnell, wie ihr gerne hättet, aber die richtigen werden genau das richtige Timing haben.

Das Beste, was du machen kannst, ist, deine eigenen Standards zu setzen. So wissen die Jungs, woran sie bei dir sind. Für einen Jungen ist es gut zu wissen, dass er in Gegenwart eines Mädchens einfach er selbst sein kann, weil auch sie einfach sie selbst ist. Die ganze Sache mit dem „richtigen Verhalten" verliert dadurch an Dramatik.

Tessa hatte zwar viele männliche Freunde, aber noch nie einen richtigen Freund. Dabei waren die meisten ihrer Freunde Jungen. Sie hatte das nicht so beabsichtigt, aber irgendwie kam sie mit Jungs besser zurecht als mit Mädchen. Von den wenigen Mädchen, mit denen sie befreundet war, war Stacie ihre beste Freundin. Sie waren oft zusammen und hatten viele gemeinsame männliche Freunde. Tessa irritierte es aber, dass die Jungen sie und Stacie ganz unterschiedlich behandelten. Zum Beispiel musste Stacie einmal laut rülpsen, als sie alle gerade zu einer Pizzeria unterwegs waren. Alle fanden das bei ihr ganz süß und niedlich, aber als Tessa ein paar Wochen vorher auch einmal gerülpst hatte, hatten die Jungs das „krass" gefunden. Tessa war immer schon die Art von Mädchen gewesen, mit der die Jungs Körbe warfen oder die sie zum Einkaufen mitnahmen. Jungen fragten sie in Liebesdingen um Rat, und nicht selten ging es dabei um Stacie. Obwohl Tessa den Jungs viel näherstand und diese viel mehr Zeit mit ihr als mit anderen Mädchen verbrachten, fanden sie alles, was Stacie machte, immer so lustig und besonders. Das machte Tessa Sorgen, erst recht, weil sie von Jungs immer nur als „Kumpel" zum Tanzen eingeladen wurde, während Stacie eher als „Freundin" behandelt wurde! Stand Tessa ein Leben als ewiger „Kumpel" bevor?

Vielleicht erkennst du an dieser Geschichte manches wieder. Dann mach dir keine Sorgen. So etwas geschieht ständig, und viele Mädchen haben mir schon ganz ähnliche Geschichten erzählt. Manche haben Angst, dass sie nie mehr als eine „gute Freundin" sein werden, und andere verstehen nicht, warum sie auf kumpelhafte Weise aufgezogen werden. Was auch immer bei dir der Fall ist, das ist nichts Schlechtes, und es hat eine ganz andere Bedeutung, als du wahrscheinlich meinst.

Erinnerst du dich noch, als ich sagte, dass Jungs ein stressfreies und normales soziales Umfeld mögen? Wenn du das Gefühl hast, zur bloßen Freundschaft „verdammt" zu sein, und die Jungs immer ihre Späße mit dir machen, dann liegt das daran, dass dies zwei Verhaltensweisen sind, mit denen Jungen am meisten vertraut sind. Wenn du ein Freund für sie bist, dann deshalb, weil sie sich mit dir wohlfühlen und *gerne mit dir zusammen* sind. Sie fragen dich um Rat, weil sie sich unwohl dabei fühlen würden, ein anderes Mädchen zu fragen.

Mittlerweile hast du hoffentlich verstanden, dass Beziehungen im Teenageralter meistens nicht lange dauern, und diese Erkenntnis sollte es dir ermöglichen, das ganze Jungen-Thema ein wenig entspannter und mit mehr Spaß anzugehen. Wenn du wie Tessa bist und die Jungen dich um Rat fragen, gerne mit dir abhängen oder einfach gerne auf nicht romantische Art mit dir zusammen sind, dann ist das eine gute Sache. Denn das zeigt, dass Jungen dich für vertrauenswürdig halten, dich mögen und keine Angst vor dir haben. Das gibt dir den Freiraum, selbst herauszufinden, mit welchen Jungs du gerne zusammen bist, und du kannst schon jetzt gute Entscheidungen für deine späteren Freundschaften treffen.

Jeder möchte einen Freund haben

Ich war ein ziemlich schüchternes Kind, und ich bin es eigentlich immer noch, ob du es glaubst oder nicht. Es ist mir deshalb recht unangenehm, über mich selbst zu schreiben oder zu erzählen, was mir im Leben schon passiert ist. Aber ich will mich mal überwinden und dir ein wenig über mich verraten. Für viele andere Kinder beginnt der Tag in der Schule damit, ihre Bücher zu schnappen, in den Schulbus einzusteigen und zum Unterricht zu fahren. Bei mir war das nicht so, denn ich saß lange Zeit in einer Besserungsanstalt. Ich vergesse immer wieder, dass viele Leute das gar nicht wissen. Wie gesagt, ich rede nicht so gern über mich selbst.

Ich war ein ziemlich verwirrtes und verstörtes Kind. Langsam werde ich aber normal, danke der Nachfrage. Die meiste Zeit meines Lebens hielt ich mich aber nicht für sehr normal. Wie viele andere Kinder wusste ich überhaupt nicht, was normal heißt, deshalb versuchte ich, mich einfach ruhig zu verhalten und irgendwie dazuzugehören. Ich sehnte mich so sehr nach Freunden. So geht es, glaube ich, den meisten von uns, und das ist auch ganz natürlich. Aber was ich auch tat, ich hatte keinen Erfolg, und zwar aus einem ganz einfachen Grund: Ich dachte, ich sei einfach total anders als alle anderen. Ich hielt mich für einen Loser. Auch wenn die Leute, die mich kannten, das anders sahen, hatte das keine Auswirkung auf mich. Ich konnte mir einfach nicht vorstellen, dass es etwas Gutes an mir gab.

Vielleicht lag es an meiner familiären Situation. Wir hatten nicht viel Geld. Vielleicht lag es an den vielen Umzügen, den neuen Schulen und neuen Situationen, mit denen ich nicht sehr gut fertig wurde. Wie auch immer, ich traf einige schlechte Entscheidungen. Wie viele andere Jugendliche versuchte auch ich Anerkennung, Normalität und Fürsorge zu provozieren, indem ich rebellierte. Nicht auf so eine alberne Art, indem ich mir ein Gangsta-Kopftuch umband und eine schwarze Lederjacke trug, sondern einfach so, wie ein Kind mit einem chaotischen Innenleben das auch nach außen trägt. Wir müssen unsere Gefühle schließlich irgendwie ausleben. Ich war voller Frust, Unsicherheit und Wut, und so war es die einfachste und natürlichste Art, meine Verwirrung auszudrücken, indem ich gegen alles und jeden rebellierte.

Meine Verhaltensweisen gerieten außer Kontrolle und ich fing an zu trinken, weil ich dachte, dass ich dadurch älter, selbstsicherer und cooler wirkte – schließlich war ich anders und „machte mein Ding". Wie bei vielen anderen Jugendlichen auch ging es dann mit Drogen weiter, und ich kam in Kontakt mit Leuten, die ihrerseits keine gute Entwicklung durchmachten. In kürzester Zeit waren meine Schulnoten im Keller. Ich beschäftigte mich nur noch mit Dingen, die mir sofort ein gutes Gefühl verschafften, und verschwendete keinen Gedanken mehr an die Zukunft. Fast alles, was sofortigen Genuss verspricht, wirkt sich auf lange Sicht nicht gut auf uns aus. Ist dir das auch schon mal aufgefallen? Wenn es leicht und schnell geht, ist es meistens auch schädlich.

Ehe ich mich versah, saß ich in einem kleinen Zimmer mit Sofas, umringt von starken Typen, die bereit waren, sich auf mich zu stürzen, falls ich ausflippte. Ich befand mich in einem Langzeitentzug für Jugendliche. Ich kann mich noch genau an diesen Tag erinnern und auch an alle, die ihm folgten. Natürlich hielt ich mich nun erst recht für einen Loser und hatte keinerlei Hoffnung mehr. Jetzt war ich nicht einmal mehr ein Rebell, nicht mal das hatte ich geschafft.

Mehrere Monate verbrachte ich damit, mir selbst etwas vorzumachen. Ich widersetzte mich und weigerte mich, meinen Problemen ins Auge zu sehen. Mein größtes Problem bestand in dem Glauben, dass ich einfach nichts wert sei. Das allein kann ein großes, hässliches Monster im Leben eines Menschen sein.

Erst mehrere Monate später hatte ich dann einen richtigen Zusammenbruch. Dank der Hilfe einiger Freunde und anderer Insassen dort – und natürlich durch die Arbeit der großartigen Therapeuten – hörte ich schließlich damit auf, alles krampfartig zusammenhalten zu wollen. Ich traute mich, einen gründlichen Blick auf mein Innenleben zu werfen. Und mir gefiel überhaupt nicht, was ich dort sah. Viele Tränen später (tja, Jungs weinen auch, wer hätte das gedacht?) und nach einer Zeit des Heilens und der Ermutigung verstand ich schließlich, dass viele Menschen genau dasselbe fühlen, was ich gefühlt hatte. Aber was noch wichtiger ist: Mir wurde klar, dass ich kein hoffnungsloser Fall war.

Nach und nach fing ich wieder an zu scherzen, rang mir das eine oder andere Lächeln ab, dachte an andere, redete über meine Lage und drückte meine Gefühle ein wenig besser aus. Ich fing an zu glauben, dass es für mich Hoffnung gab. Mir wurde klar, dass ich wieder ein normales Leben führen, die Dinge in Ordnung bringen und noch einmal neu anfangen konnte. Ich konnte wieder zu einem ganz durchschnittlichen, zufriedenen Teenager werden.

Ich verbrachte mehrere Monate in dieser Einrichtung, ehe ich wieder in die Schule gehen durfte. Das war ein wichtiger Schritt, denn nun war ich plötzlich wieder mit „normalen" Leuten zusammen. Das war am Anfang ganz schön komisch. Ich war an strenge Regeln gewöhnt, war sehr zurückhaltend und musste erst lernen, mit Menschen normal zu kommunizieren – denn das hatte ich ja vorher nie gekonnt. Aber weißt du, was mir damals geholfen hat? Ein paar Jungs und Mädchen haben meinen Lebensweg entscheidend geprägt. Mit einigen von ihnen bin ich heute immer noch befreundet.

Zwei ganz normale Mädchen

Matheunterricht, na super. Geometrie ist echt der Horror, oder? Aber trotzdem mochte ich den Geometrieunterricht, denn dabei ist etwas passiert, was mir sehr viel mehr geholfen hat als der Kosinus eines Dreiecks: Kasi und Sarah haben mich angesprochen. Kasi drehte sich während des Unterrichts immer mal wieder zu mir um und tat etwas ganz Normales und für mich doch Seltsames: Sie sprach mit mir. Ich verstand das am Anfang überhaupt nicht. Sie war beliebt und recht hübsch – normalerweise hätte ich mich nie im Leben getraut, sie anzusprechen.

Ich weiß noch, wie entspannt sie war, wenn sie mich grüßte oder mir einfache Fragen stellte. Sie hatte sich meinen Namen gemerkt und sagte so Dinge wie: „Hey, Chad, wie geht es dir?" Dann fragte sie, woher ich kam, und so ging das immer weiter. Dann fing auch ihre Freundin Sarah an, sich mit mir zu unterhalten. Während ich da im Geometrieunterricht saß, dämmerte mir langsam, dass dieses Mädchen und ihre Freundin einfach grundlos nett zu mir waren. Das hat mir einen Riesenschreck eingejagt.

„Wie gefällt dir unsere Schule? Hast du schon neue Freunde gefunden? Hast du irgendwelche Hobbys? Hast du noch Geschwister? Kommst du mit Mathe klar, oder soll ich dir dabei helfen?" Sie stellten mir noch unzählige andere solcher ganz normalen Fragen, und beiden Mädchen schien es Spaß zu machen, sich miteinander und mit mir zu unterhalten. Sie behandelten mich nicht so, als wäre ich irgendwie seltsam, sondern gingen ganz normal mit mir um. Sie übersahen mein linkisches Verhalten, weil sie wussten, dass ich neu an der Schule war und wahrscheinlich noch nicht viele Leute kannte.

Das war seit langer Zeit meine erste Begegnung mit Mädchen in einem normalen Umfeld. Sie halfen mir dabei, mich sicher zu fühlen, vor allem weil sie nett waren und ernst nahmen, was ich sagte. Sie setzten mich nicht unter Druck und waren weder total aufdringlich noch total hilfsbereit oder sonst was. Sie waren einfach freundliche menschliche Wesen. Und weißt du was? Das hat mir echt gefallen. Das hat mir geholfen. Es half mir dabei, in Gesprächen ein wenig offener zu werden und meine Meinung zu äußern. Ich hatte das Gefühl, dass es andere wirklich interessierte, was ich zu sagen hatte.

Das war einfach unglaublich. Was ich damit sagen will: Einem Jungen bedeutet es viel, auch wenn wir das nicht immer zugeben, wenn Mädchen einfach normal sind. Mit normal meine ich, dass sie einfach ganz locker mit uns reden – über das Leben, die Schule und den Alltag. Vielleicht wirst du nie erfahren, was das jemandem bedeutet, aber ich kann dir versichern: Das bedeutet eine Menge. Jungs bedanken sich selten dafür, aber es fühlt sich einfach sehr gut an, mit jemandem zu reden, der einfach nett und an anderen Mitmenschen interessiert ist.

Dank der Hilfe dieser beiden Mädchen bin ich nicht nur viel offener im Geometrieunterricht geworden, sondern ich habe auch später in der Schule noch davon profitiert. Sie gehörten zu den ersten Menschen, die mir gezeigt haben, dass es cool und normal ist und außerdem Spaß macht, einfach mit Leuten zu reden und Freunde zu haben. Wir unterhielten uns ganz ohne Druck, und das gefiel mir außerordentlich.

Wenn es sie nicht gegeben hätte und wenn sie nicht so nett zu mir gewesen wären, dann hätte ich in dieser Klasse und während dieses restlichen Jahres sicher ganz andere Erfahrungen gemacht.

Ich kann dir gar nicht beschreiben, wie unglaublich wichtig diese Beziehungen für mich waren. Meine Schulzeit, meine Freundschaften, meine Studienzeit, meine Erfahrungen nach der Uni bis hin zu diesem Moment jetzt gerade, wo ich das hier schreibe – all das ist zum Positiven hin beeinflusst worden, weil Kasi sich mir gegenüber so freundlich verhalten hat. Letztes Jahr war ich zu ihrer Hochzeit eingeladen und sah zu, wie sie ihrem Ehemann die Treue schwor. Das war echt cool. Wahrscheinlich wird sie nie ganz erfassen können, welchen Einfluss sie auf mich gehabt hat und welch große Hilfe sie mir war. Sie hat etwas ganz Erstaunliches getan, was gleichzeitig ganz normal war. Sie hat mir Gottes Liebe deutlich gemacht, indem sie einfach ein Freund für mich war. Sie hatte ein ehrliches Interesse an dem Neuen in der Schule und half ihm, sich dort wohler zu fühlen.

Unterschätze nie die Rolle, die Gott dir vielleicht im Leben eines anderen zugedacht hat. Du kannst jedenfalls nichts falsch machen, wenn du jemandem ein echter Freund bist. Du kennst vielleicht nicht die Geschichte dieser Person und glaubst, ihm keine große Hilfe sein zu können. Aber ich bin heute noch diesen beiden Mädchen dankbar. Sie haben mir gezeigt, dass ich einfach „nur ich" sein kann und dass es Leute gibt, denen ich nicht egal bin.

Unterm Strich ist Freundschaft die Antwort auf viele Fragen, die wir an unser Zusammenleben stellen. Wenn du eine gute Beziehung haben willst, dann lerne, ein guter Freund zu sein. Wenn du eine gesunde, positive, reife Beziehung haben willst, die Spaß macht und Gott in den Mittelpunkt stellt, dann lerne, ein guter Freund zu sein. Freundschaft ist niemals egoistisch, sondern sie sorgt sich um das Wohl des anderen. Freundschaft beschützt uns und behütet unsere Herzen und Gefühle, bis wir auf einen großartigen Freund treffen, der in unserem Herzen einen ganz besonderen Platz einnimmt. Durch Freundschaft erfahren wir auf ganz natürliche und selbstverständliche Art mehr voneinander, und Gott möchte, dass wir einander wirklich verstehen. Er steht mit offenen Händen da und ist unser Freund, damit auch wir Freunde für andere sein können.

Kapitel 11

Geheimnisvolle Mädchen und ihre Kommunikation

Was wir sagen und wie wir es sagen

Drei Wochen. *Drei Wochen!* Es war Samstagmorgen, nur noch drei Wochen bis zum Abschlussball[22], und noch kein Junge hatte Jenny gefragt, ob sie mit ihm zusammen dorthin gehen wollte. Es war schon mehr als peinlich, wenn alle nur noch über den Ball redeten und sie als Einzige noch keine Begleitung hatte. Zumindest ging sie davon aus, dass sie die Einzige war. Meredith, Susan, Kari, Stephanie ... in ihrem Kopf ging die Liste der Mädchen immer weiter, die von einem der coolen, hübschen Jungs gefragt worden waren. Warum blieb sie als Einzige übrig?

Jenny wälzte sich in ihrem Bett hin und her und sah auf den Wecker. Erst acht Uhr und sie war schon hellwach. *Dann kann ich auch aufstehen*, sagte sie sich. Sie ging nach unten, wo sie eine leere Küche vorfand. Auf dem Tisch lag ein Zettel, auf dem ihre Eltern ihr mitteilten, dass sie Erledigungen machen mussten und erst am Nachmittag zurückkämen. Sie suchte im Kühlschrank nach etwas, was sich leicht fürs Frühstück zubereiten ließ, danach im Eisfach. Da wurde sie fündig: Pfefferminzeis mit Schokoladenstückchen, ihr Lieblingseis! *Ein gesundes Milchprodukt für den Start in den Tag,* dachte sie und fügte hinzu: *Ich muss mir ja eh keine Sorgen machen, dass ich nicht mehr in mein Ballkleid passe.* Sie schnappte sich einen Löffel, nahm die ganze Packung mit und pflanzte sich vor den Fernseher.

Ding dong! Diese blöde Klingel jagte ihr jedes Mal einen Mordsschreck ein. „Ich komme!", rief sie und raffte sich auf. Als sie die Haustür öffnete, war dort niemand. Ein wenig überrascht, aber auch leicht empört darüber, dass sie offenbar Opfer eines Klingelmännchen-Streiches war, wollte sie gerade schon wieder hineingehen, als ihr ein Umschlag auf der Fußmatte auffiel, auf der ihr Name stand. Sie hob ihn auf und öffnete ihn, fand darin aber nur einen Schlüssel und eine Adresse. Was sollte das denn? Sie lief zum Computer und suchte im Internet nach der Adresse. *Komisch,* dachte sie, denn es handelte sich bloß um ein Postfach.

Sie zog sich an, steckte ihre Schlüssel ein und war schon aus dem Haus. Der Schlüssel passte tatsächlich zu dem Postfach, in dem sie zwei Papierschnipsel fand. Auf dem einen stand „Du" und auf dem anderen „Southside Einkaufszentrum ... Hydrant ... roter Ballon". Wurde sie etwa von jemandem beobachtet? War das irgendein blöder Scherz? Sie sah sich um, konnte aber niemand entdecken, den sie kannte, und keiner der Passanten beachtete sie besonders. Als sie sich dem Einkaufszentrum näherte, sah sie schon von Weitem den Hydranten, an dem ein roter Ballon festgebunden war. Sie schnappte sich ihn und erkannte in seinem Inneren zwei weitere Papierschnipsel, auf denen der nächste Hinweis stand.

Die kleine Schnitzeljagd, die der geheimnisvolle Unbekannte mit ihr veranstaltete, führte sie noch zu einigen anderen

Orten, bis der letzte Hinweis sie schließlich an den Brunnen im Eden Park brachte. Sechs Papierschnitzel ergaben zusammen den Anfang eines Satzes: „Möchtest du zum Abschlussball gehen mit …?" Und sie sollte Ausschau halten nach jemandem mit einem roten Regenschirm – was seltsam war, denn es war ein sonniger Tag. Als sie um die Ecke bog, sah sie ihn.

Scott Webb saß auf der Kante des Brunnens, in der einen Hand hielt er einen roten Regenschirm, in der anderen einen Zettel, auf dem in großen Buchstaben „mir" stand. Als sie einander sahen, brachen sie sofort beide in lautes Gelächter aus. Es gab niemanden, mit dem Jennifer lieber zum Abschlussball gegangen wäre als Scott Webb. Der wirkte jetzt ein wenig nervös, bis sie laut „Ja!" rief. Dabei grinste sie bis über beide Ohren bei dem Gedanken daran, wie süß er das alles arrangiert hatte.

Oder:
SMS: „Kommst du mit auf den Ball?"
Antwort: „Okay"

Welche Version macht mehr Spaß? Richtig, *nicht* die zweite. Sie wurde zwar in einer Handywerbung verwendet, aber es ist auch eine ziemlich billige Sache, während es doch so viele Möglichkeiten gibt, diese Einladung auf süße, humorvolle und romantische Art zu gestalten. Der Abschlussball muss keine pompöse, kitschige Angelegenheit sein, aber für viele ist er ein ganz besonderes Ereignis.

Viele Leute haben aus der Anziehung, der Kommunikation und Interaktion zweier Menschen eine billige Nummer gemacht. Deshalb möchte ich dich daran erinnern: Wenn ein

Junge sich Mühe gibt, um etwas zu erreichen, schätzt er es danach umso mehr. Das beinhaltet auch Mädchen. Es gibt zwar Jungs, die es sich lieber einfach machen, aber die messen einer Sache dann auch keinen großen Wert bei. Und außerdem: Möchtest du wirklich so einen faulen Jungen haben?

Um dir das mal an einem anderen Beispiel zu verdeutlichen: Nimm einfach mal Schmuck. Stell dir vor, du würdest eine kostbare und einzigartige Diamantkette gegen eine billige Fälschung aus Plastik austauschen. Im ersten Moment könntest du vielleicht darauf reinfallen. Vielleicht glitzert diese Fälschung fast genauso schön wie echte Diamanten, vielleicht halten andere sie für echt, und vielleicht passt sie sogar zu deinem Kleid. So weit wäre alles in Ordnung. Falscher Schmuck hat seine Berechtigung, solange du weißt, dass er falsch ist. Denn das ist er. Er sieht zwar echt aus, aber er ist ein billiges Imitat, das mit dem Original nicht zu vergleichen ist. Er ist und bleibt eine Fälschung, die aus der Entfernung Eindruck macht, aber aus der Nähe erkennt man, dass er nicht echt ist. Mit unserem Umgang miteinander verhält es sich ganz genauso. Er kann gute Beziehungen fördern, aufbauen und stärken oder er kann zu ihrer Verflachung beitragen. Zum Glück hängt das ganz allein von dir ab.

Hier ein Gespräch zum Thema SMS, wie ich es sehr häufig führe:

Chad: Also, Meredith, du und der Junge, von dem du mir erzählt hast, ihr kommuniziert viel über SMS, richtig?

Meredith: Ja, genau, das ist so unsere normale Kommunikation. Ich glaube, so kommt er am leichtesten an mich ran, und dann simsen wir einfach immer weiter.

C: Du hast aber auch erzählt, dass du dir bei ihm nicht ganz sicher bist. Was genau irritiert dich denn?

M: Na ja, er sagt mir ständig, dass er mich mag und mir gerne ein bisschen näher wäre, also auf körperliche Art. Ich fühl mich dabei aber gar nicht wohl, und dann stellt er mir lauter intime Fragen und möchte von mir Fotos haben, auf denen ich für ihn posiere und so. Aber wenn wir mit anderen zusammen sind, dann benimmt er sich wirklich so, als ob er mich mag.

C: Und das verwirrt dich?

M: Ja, total. Ich meine, warum macht er so was? Ich kapier's einfach nicht. Er sagt mir so was auch nie persönlich, sondern immer nur per SMS.

C: Okay, dann möchte ich dir eine Frage stellen: Du hast gesagt, dass er dir SMS schickt, die dir wegen der Fragen unangenehm sind oder weil er dich um Fotos bittet, richtig?

M: Genau.

C: Und, antwortest du ihm dann? Schickst du ihm immer noch SMS zurück, und machst du Sachen, bei denen du kein gutes Gefühl hast?

M: (zögert kurz) Ja, manchmal schon.

C: Wie erklärst du dir das denn? Mag er dich dann vielleicht mehr?

M: Nee, überhaupt nicht. Ich kapier es einfach nicht. In einer SMS findet er so was ganz normal, aber in echt verhält er sich dann ganz anders.

C: Wie leicht ist es, an dein Herz zu kommen, Meredith? So leicht, wie man die Tasten an einem Handy bedienen kann? Kommt man auf diese Weise an deine intimsten Seiten heran?

M: Ja ... also ich meine nein.

C: (unterbricht sie) Doch, Meredith, die Antwort ist Ja. Ja, du bist so leicht zu kriegen. Ich will deine Gefühle nicht verletzen, aber du sagst das eine und tust das andere. Ja, es ist ganz einfach, an dein Herz zu kommen, und ja, es kostet diesen Jungen keinerlei Anstrengung, dich auf eine Art und Weise zu kennen, die normalerweise das Ergebnis einer jahrelangen Annäherung sein sollte. Möchtest du so einfach zu kriegen sein, Meredith?

M: Nein.

C: Dann sei es auch nicht. Das ist allein deine Entscheidung. Und deshalb muss ich dir sagen: Du musst dein Verhalten ändern – um deiner selbst willen, sonst wird es dir zeit deines Lebens immer wieder so ergehen, und das wäre traurig. Denn du hast etwas Besseres verdient, glaub es mir.

Ich kann dir gar nicht sagen, wie oft ich solche Gespräche schon geführt habe. Wenn du dir das aus meiner Perspektive anhörst, all dieses Durcheinander und die widersprüchlichen Signale, dann macht dich das nicht wütend, sondern höchstens ein bisschen traurig. Es ist wirklich tragisch, dass so viele Jungs und Mädchen nicht lernen, auf eine Art miteinander zu kommunizieren, die dazu beiträgt, dass sie sich mehr mögen. Klar, wenn du über SMS oder am Telefon auf solche Anspielungen eingehst, dann wirkst du vielleicht interessanter, abenteuerlustiger und aufregender. Das mögen gerade Jungs daran. Aber deshalb ist es trotzdem keine gute Sache. Es macht es den Jungs nur einfacher. Und viele von ihnen entscheiden sich dann lieber für die einfachere Wahl. Deshalb brauchen wir Teamwork.

Es kommt darauf an, was du sagst und wie du es sagst

Wenn du Jungs wirklich verstehen willst, musst du verstehen, wie Kommunikation funktioniert. Wenn du verstehen willst, wie Anziehung funktioniert und wie du selbst anziehender wirst, musst du verstehen, wie Kommunikation funktioniert. Wenn du verstehen willst, wie Jungs ticken, was du sagen oder besser nicht sagen solltest, wie du ihre Aufmerksamkeit bekommen kannst, wie du deine Anziehungskraft steigerst und verschlechterst, dann musst du damit anfangen, etwas über Kommunikation zu lernen.

Freundschaften, Beziehungen und gegenseitige Anziehung sind kein Spiel, aber auf eine gewisse Art sind sie es doch. Warum? In jedem Spiel gibt es Regeln oder Richtlinien. Die sorgen dafür, dass alle die gleichen Chancen haben. Wenn du ein Spiel einfach so spielst, wie es dir gerade passt, wirkt das komisch, und du wirst Schwierigkeiten haben, Mitspieler zu finden. Genauso ist es bei der Interaktion mit dem anderen Geschlecht. Wenn jemand nicht lernt, wie es richtig geht, und einfach macht, was er will, dann wird das nicht funktionieren. So ist das einfach. Nur handelt es sich dabei nicht um willkürliche Regeln, die sich irgendwelche Leute mal ausgedacht haben. Nein, Jungs und Mädchen sind schlicht unterschiedlich geschaffen, und deshalb haben sie bei der Kommunikation verschiedene Eigenheiten und Bedürfnisse. Gott hat uns so erschaffen, dass wir einander ergänzen, und je besser wir unsere Unterschiede verstehen, desto gesündere Beziehungen können wir führen.

Dieses Kapitel handelt von Kommunikation, davon, wie wir miteinander umgehen. Dieser Umgang ist entscheidend.

Wie du mit anderen kommunizierst und wie die anderen mit dir kommunizieren, hat eine Wirkung auf dich – das wird immer so sein. Diese Wirkung gibt es auch während deiner Schulzeit; sie umfasst alle deine Freundschaften und alle Jungs, an denen du jemals Interesse haben wirst, und auch noch deine Ehe, wenn es eines Tages so weit sein wird. Das liegt daran, dass Kommunikation mit Reden und Verstehen zu tun hat. Wenn wir reden, vermitteln wir unsere Absichten, Vorlieben und Abneigungen. Aber auch wenn wir jeden Tag reden, manche mehr als andere, braucht es doch lebenslange Übung darin, den anderen auch wirklich zu verstehen. Wie du mit Jungen kommunizierst, spielt dabei eine genauso wichtige Rolle wie ihre Kommunikation mit dir.

Wenn du nicht verstehst, wie Jungs von Natur aus ticken, dann denkst du vielleicht, dass du dich sehr anstrengen musst, um die Aufmerksamkeit auf dich zu ziehen und das Interesse eines Jungen zu wecken. Aber so sind Jungs nicht gestrickt. Sie wollen dir den Hof machen und nicht, dass du ihnen den Hof machst. Jungen lieben es, Erfolg zu haben, und zwar in vielerlei Hinsicht: im Sport, bei ihren Schulnoten, wenn sie Witze erzählen oder später auch in ihrem Beruf. Auch das Beeindrucken von Mädchen gehört dazu. Jungs sind meistens sehr zufrieden, wenn ein Mädchen auf ihre Versuche reagiert, sie zu beeindrucken und ihr Interesse zu wecken.

Es ist wichtig, dass ein Junge, der einem Mädchen den Hof macht, und das Mädchen, das darauf reagiert, dies jeweils in der richtigen Dosierung, zur rechten Zeit, auf die richtige Art und in einem harmonischen Gleichgewicht tun. Du darfst es ihm auch nicht *zu* schwer machen. Nur leider neigen viele Mädchen dazu, es den Jungen *zu einfach* zu machen. Wir Jungs brauchen die Herausforderung, eine Aufgabe, ein Problem, das wir lösen können, und wir müssen lernen, wie wir das richtig anstellen. Es braucht aber beide Seiten, damit das funktioniert.

Klasse statt Masse

Es geht nicht darum, wie viel Zeit du mit einem Jungen verbringst, sondern *wie* du diese Zeit nutzt. Das ist ein wichtiger Grundsatz, wenn es darum geht zu entscheiden, mit wem du wie viel Zeit verbringst. Wenn du weißt, dass deine Zeit kostbar ist, dann wirst du sie nicht damit verschwenden, Tausende von SMS zu verschicken. Viel lieber wirst du gemeinsam mit deinen Freundinnen etwas Schönes unternehmen.

Das geheimnisvolle Mädchen

Wenn Jungs sagen, dass sie aus einem Mädchen nicht schlau werden, dann drückt das gleichermaßen ihre Bewunderung und ihren Frust aus. Denn das ist ja gerade das Tolle an Mädchen: Sie sind geheimnisvoll. Mal im Ernst, ich kenne eine ganze Reihe von Mädchen, die mir immer wieder sagen, dass sie aus sich selbst nicht schlau werden – wie sollen wir das dann schaffen? Das hat Gott einfach klasse eingerichtet. Ein wenig geheimnisvoll zu sein, ist eine sehr wichtige, natürliche und gesunde Sache. Denn es bedeutet, dass du einen Teil deiner Gedanken, Hoffnungen und Gefühle für dich behältst, bis zu einem späteren Zeitpunkt. Zu viel des Guten ist nämlich immer noch zu viel – das gilt auch für dich.

Wie leicht kommt man an dich heran? Denk mal über die folgenden Fragen nach:

- Sind deine „Leitungen" zum Kommunizieren immer frei?
- Kann man dich leicht erreichen?
- Beantwortest du alle Fragen, die Jungs dir stellen, selbst wenn sie unangemessen sind und du dich nicht dabei wohlfühlst?

Ein geheimnisvolles Mädchen ist ein gesundes Mädchen. Wenn Diamanten ganz alltäglich wären und überall herumlägen, wären sie nicht so begehrt; sie wären einfach Steine. Wir suchen nicht die ganze Welt nach gewöhnlichen Steinen ab, sondern wir suchen nach denen, die seltener und schwerer zu finden sind, denn genau das macht sie in unseren Augen wertvoller.

Deshalb nimm dir vor, mehr einem Diamanten zu ähneln, und hüte dich davor, zu einem Stein zu werden.

Dein Werbeplakat

Würdest du ein Werbeplakat von dir an die Autobahn stellen, auf dem du im Bikini zu sehen bist? Nein. (Wenn du mit Ja geantwortet hast, dann ändere das zu Nein; Ja ist hier die falsche Antwort.) Meinst du, es ist etwas anderes, intime Dinge über MySpace oder E-Mail zu verbreiten? Nein, da gibt es keinen Unterschied. MySpace und dergleichen kommt dir nicht vor wie ein Werbeplakat, aber es hat sogar noch viel mehr Macht. Denn im Internet können dich genauso viele Menschen leicht bekleidet sehen, wahrscheinlich sogar noch mehr.

Wenn du deine Leidenschaften, deinen Körper, deine Gefühle, deinen Liebeskummer und alles andere, was eigentlich intim sein sollte, ins Internet stellst, sodass es per Mausklick für jedermann zugänglich ist, dann ist das genau so, als würdest du all das auf einem riesigen Werbeplakat am Times Square in New York der Welt präsentieren. Du solltest vielleicht wirklich einmal darüber nachdenken, welch eine Botschaft du damit aussendest.

Viele Jungs und Mädchen nutzen das Internet auf diese Weise, weil sie nicht an die Millionen komischer Typen denken, die auf der anderen Seite des Bildschirms sitzen. Wenn du nicht möchtest, dass irgendein schmieriger alter Kerl sich Bilder anschaut, auf denen du aufreizend posierst, dann stell diese Bilder nicht ins Internet! Wie der Name schon sagt: *World Wide* Web – das sind einige mehr als nur deine Freunde! Und wenn diese Bilder einmal im Cyberspace gelandet sind, werden sie dort nie wieder verschwinden. Sie bleiben dort für immer, und daran solltest du auf jeden Fall denken, bevor du das nächste Mal auf „Senden" oder „Foto hochladen" klickst.

Ein anderer Grund für dieses Verhalten ist der Wunsch nach Aufmerksamkeit. Viele Leute verwechseln dabei aber zwei Arten. Positive und negative Aufmerksamkeit sind zwei sehr verschiedene Dinge. Mädchen mit einem guten Ruf haben alle eines gemeinsam. Ich meine die Mädchen, die wirklich kostbar sind und das auch wissen. Solche Mädchen sind eher darauf aus, Leute von sich fernzuhalten, als sie anzuziehen – nicht auf lieblose Art, sondern um sich zu schützen.

Irgendwann sind die Menschen dem Irrglauben aufgesessen, dass es grundsätzlich gut sei, immer mehr Aufmerksamkeit zu bekommen. Tatsächlich ist das genaue Gegenteil der Fall. Menschen, die mehr darauf achten, von wem sie Aufmerksamkeit bekommen, ziehen eher hochkarätige Leute an. Das ist sehr viel wichtiger, als einfach nur möglichst viele

Leute anzuziehen. Es ist so ähnlich wie mit dem Essen. Hättest du lieber jede Menge ungesundes Essen oder eine kleine Portion mit gesundem Essen? Je nachdem, welcher Art von Appetit du nachgibst, hat das verschiedene Folgen für dich.

Reden ohne Worte

60 bis 90 Prozent[23] – so hoch ist der Anteil der nonverbalen Kommunikation. Die Experten streiten sich noch über den genauen Wert, aber irgendwo zwischen diesen beiden Zahlen ist er anzusiedeln. Weißt du, was das bedeutet? Mehr als die Hälfte dessen, was du mitteilst, wird *nicht* über Worte ausgedrückt. Auf die kleinen Details kommt es an, ein kurzes Zwinkern, ein Runzeln der Augenbrauen, eine leichte Bewegung der Lippen kann anzeigen, dass dich etwas fasziniert, oder ein breites Grinsen, das allen verrät, dass es dir gerade sehr gut geht.

Angeln – ich meine natürlich: simsen

Jungs gehen gerne angeln. Du vielleicht auch. Ich kann nur für Jungs sprechen, weil ich selber einer bin. Leider gibt es heutzutage nicht mehr so viele Gelegenheiten, einfach die Ausrüstung zu packen und an einen See zu fahren – die Zeitpläne der Jungs sind eng, ständig müssen sie Hausaufgaben machen, Sport treiben, Videospiele spielen und im Internet surfen. Aber weißt du was? Die Jungs haben sich dem angepasst. Sie angeln immer noch. Aber nicht mehr nach Fischen.

Okay, okay, simsen an sich ist keine Sünde. Ich habe nichts

gegen SMS. Sie erfüllen ihren Zweck, wenn man schnell eine Wegbeschreibung braucht oder irgendeine andere eigentlich unwichtige Information. Aber zu mehr sind sie nicht zu gebrauchen. Aber wenn es darum geht, dass Jungs es sich mit dir leicht machen wollen, dann spielen SMS oft eine wichtige Rolle. Ob du es glaubst oder nicht, aber es fällt Jungs nicht gerade leicht, einem Mädchen gegenüber von sensiblen Dingen zu sprechen, ihr zum Beispiel zu sagen, dass man an ihr interessiert ist, oder die eigenen Gefühle auszudrücken.

Viel zu viele Mädchen haben schon die Erfahrung gemacht, dass sie per SMS Unterhaltungen führen, die eigentlich von Angesicht zu Angesicht stattfinden sollten. Das ist kein Zufall, und das ist auch meistens nichts Erfreuliches. Wenn dem Jungen deine Antwort nicht gefällt, kann er sie einfach löschen, nicht zu Ende lesen oder einfach nicht antworten. Oft nutzen Jungs das sogar aus und bauen eine Art System auf, bei dem sie parallel mehrere Optionen (sprich Mädchen) laufen haben, die sie so lange mit SMS versorgen, bis sie von einer die gewünschte Antwort bekommen. Sie denken sich dabei gar nichts Böses. Jungs sind nicht so hinterhältig, wie manche glauben, sie brauchen nur ein wenig Orientierung.

Sei nicht ein Schnittchen bei einem kalten Buffet, das man sich nach Belieben nehmen kann. Wenn du eine feste Regel für solche Fälle brauchst, dann halte dich an Folgendes: Lass nicht zu, dass ein Junge dich etwas fragt oder dir etwas sagt, was er dir nicht auch persönlich sagen kann. Das rate ich auch den Jungs, aber die haben dieses Problem mit Mädchen einfach viel seltener. Auf diese Weise hast du einen natürlichen Abstandhalter, der dich beschützt und anderen deutlich macht, dass sie dir ruhig etwas Wichtiges sagen können – aber nur mit Augenkontakt und mit gesprochenen Sätzen.

„Schicke keine SMS an mein Herz!"

Das wäre eigentlich ein cooler Aufdruck für ein T-Shirt, das jedes Mädchen tragen sollte. Man könnte es natürlich ganz schick und in verschiedenen Farben herstellen, damit es zu deinen Outfits passt. Keine Sorge, ich habe das alles schon angeleiert. Was ich aber eigentlich sagen will: Es ist schrecklich mitzuerleben, wie Mädchen einem Jungen Zugang zu ihrem Herzen, ihrem Geist und ihren Gefühlen geben – über die Tasten eines billigen Handys. Das hat mit Romantik nichts zu tun, das ist nicht gesund und meistens endet es nicht gut. Wenn jemand dich besser kennenlernen will, auf eine persönliche und vertrauensvolle Art, dann sollte er auch den Mut haben, dir persönlich gegenüberzutreten. Das Tolle an dieser Variante: *Du entscheidest*, ob du es dir anhören möchtest oder nicht. Du musst keine Unterhaltungen führen, die du nicht führen möchtest. Du musst keine Nachricht beantworten oder sie auch nur lesen, nur weil jemand sie dir schickt. Du musst dich *niemals* schlecht dabei fühlen, wenn du ein Gespräch abbrichst, das in schlüpfrige Bereiche abdriftet. Du musst dich auch nicht mit all den Worten auseinandersetzen oder sie verinnerlichen, die dir jemand mitteilen möchte. Meiner Erfahrung nach haben gerade die Mädchen, die ihren Wert kennen, eine solide Autorität und wissen, dass sie ein ungutes Gespräch jederzeit abbrechen können.

Hier noch einige andere Aspekte, die für das Thema SMS eine Rolle spielen:

◎ SMS verführen dazu, etwas zu sagen, was man eigentlich gar nicht sagen will und persönlich auch nicht sagen würde.

- Es kann unhöflich wirken, ständig zu simsen, wenn andere anwesend sind. Du vermittelst anderen damit den Eindruck, dass sie dich langweilen.
- SMS können eifersüchtig machen – wem schickst du da eine SMS nach der anderen? Wenn du schon mit einem Jungen zusammen bist, kann ihn das sehr verunsichern.
- SMS erlauben anderen Menschen einen Zugriff auf dein Leben, den du vielleicht gar nicht willst. Sie können kommen und gehen, wie sie wollen, ohne sich zu etwas verpflichtet zu fühlen.
- SMS fehlt der ganze nonverbale Teil der Kommunikation: die Gesten, der Tonfall und der Kontext.

Auch Facebook, MySpace, schülerVZ und ähnliche Internetangebote haben alle ihre Tücken:

- Jungs und Mädchen veröffentlichen dort oft anstößige Fotos.
- Möchtest du wirklich, dass dich jemand über eine Internetseite kennenlernt?
- Alle möglichen Informationen sind dort frei verfügbar, und viele Mädchen erlauben auf diese Weise Wildfremden Zugang zu ihrem Leben.
- Selbst wenn du dort Kontakt mit Jungs hast, die du von irgendwoher „kennst", werdet ihr beide dazu verführt, Dinge auf eine Art mitzuteilen, die keinerlei Verpflichtungen mit sich bringt und weder Mut noch Mühe kostet.

Hörst du das? Ich auch nicht.

Schweigen ist Gold. Und manchmal spricht gerade das, was du nicht sagst, Jungs ganz besonders an. Sei ruhig geheimnisvoll und verrate nicht alles, denn das ist wichtig für die Kommunikation. Deine Worte sind kostbar, also verschwende sie nicht. Du bist nicht verpflichtet, jede Frage zu beantworten, die dir gestellt wird. Ich mache das auch nicht, und ich bin ein Junge. Ich denke sogar, dass das eine ziemlich kostbare Eigenschaft ist. Es gibt einen alten Spruch, der lautet: „Wenn du zuhörst, liegt die Macht bei dir, und wenn du sprichst, gibst du sie ab." Ich will dich nicht vom Reden abbringen, aber denk mal darüber nach, dass es eine Art von Freiheit darstellt, nicht unter dem Druck zu stehen, jede Frage beantworten und sich auf jedes Gespräch einlassen zu müssen. Auch das hat mit Grenzen zu tun und der Fähigkeit, Nein sagen zu können. Manchmal sagt ein Schweigen mehr als tausend Worte.

Sorge dafür, dass deine Geschichte anderen Menschen in der Welt mitgeteilt wird, aber auf persönliche Weise und nicht per SMS. Dann bist du weniger verwirrt und kannst außerdem bei deiner Handyrechnung sparen.

Wie geheimnisvoll bist du?

1. Du bist neu bei Facebook oder einer vergleichbaren Seite. Jetzt musst du ein paar Fotos von dir hochladen. Welchen Zweck verfolgst du dabei?
a) Du möchtest deine männlichen Freunde damit beeindrucken, was für einen tollen Körper du hast.

b) Du möchtest deine Freunde beiderlei Geschlechts mit deinem coolen Look und Lifestyle beeindrucken.

c) Du möchtest ein paar Schnappschüsse von aufregenden Ereignissen in deinem Leben anderen zugänglich machen.

2. Du unterhältst dich gerade mit deiner Mutter in der Küche, als du eine SMS von deinem Freund bekommst. Wie verhältst du dich?

a) Du antwortest sofort mit einer SMS.

b) Du fragst deine Mutter, ob es ihr was ausmacht, wenn du kurz eine Antwort schickst.

c) Du antwortest, wenn das Gespräch mit deiner Mutter beendet ist.

3. Um die Aufmerksamkeit eines Jungen auf dich zu ziehen, solltest du auf jeden seiner Versuche reagieren, dich zu beeindrucken.

a) richtig

b) falsch

c) manchmal richtig

Jetzt zähle deine Punkte zusammen:
Für a) gibt es jeweils 3 Punkte, für b) 2 und für c) 1.

Dein Ergebnis:

8–9 Punkte:
Du bist nicht sehr geheimnisvoll. Du strengst dich zu

sehr an, Jungs zu beeindrucken und zufriedenzustellen. Da bleibt wenig Platz für Geheimnisse.

5–7 Punkte:
Du gibst dir Mühe, geheimnisvoll zu wirken, aber schaffst es nicht so ganz. Einerseits versuchst du, geheimnisvoll zu sein, aber gleichzeitig versuchst du doch, andere zu beeindrucken. Auf diese Weise sendest du widersprüchliche Signale aus.

3–4 Punkte:
Gut gemacht! Du bist auf die richtige Art geheimnisvoll.

Kapitel 12

Du bist kostbar!

Leben im Bus

Ich verbrachte die meiste Zeit des Sommers in einem Bus. Er war orange, ziemlich groß und roch angenehm nach Diesel. Ich bin in diesen Bus nicht eingebrochen oder habe ihn gestohlen, denn das gehört nicht gerade zu meinen Angewohnheiten. Ich war auf einer Sommertour, um Werbung für ein Buch und eine Konferenz für Teenager zu machen. Die Leute hielten es für eine gute Idee, mich mit diesem großen Tourbus quer durchs Land zu schicken, um mit Jugendlichen zu reden. Für mich war das ein Traumjob. Wann würde ich das nächste Mal Gelegenheit haben, durchs ganze Land zu reisen, den Großteil des Sommers draußen zu verbringen, mich nachts in Raststätten herumzutreiben, unter einer provisorischen Dusche auf einem Feld zu duschen, beide Ozeane und das ganze Land zwischen ihnen zu sehen und, nicht zu vergessen, zweieinhalb Monate lang mit Jugendlichen aus dem ganzen Land zu reden?

Wenn wir durch eine Stadt kamen, in der sich gerade eine Jugendgruppe traf oder dergleichen, dann fuhren wir mit unserem Bus dort vor und leisteten den Jugendlichen Gesellschaft. Ich redete ein bisschen mit ihnen, und manchmal kochten die Leute sogar für uns. Coole Sache. Ich habe in dieser Zeit mehr selbst gebackenen Kuchen gegessen, als mir guttat, aber was sollte ich machen? Ich konnte ja schlecht ein ungehobelter Klotz sein und diese mit Liebe gebackenen Gesten der Gastfreundschaft ablehnen!

Nein, ich bin nicht ungehobelt. Ich aß jedes einzelne Stück Kuchen, weil ich nämlich ein Herz voller Mitgefühl habe.

Jedenfalls, wann immer ich mit den Mädchen der Jugendgruppe sprach, stellte ich ihnen eine einfache Frage, und zwar ganz entspannt und ohne sie irgendwie unter Druck zu setzen. Außerdem hatten sie alle die Augen geschlossen, deswegen gab es keinen Grund, in dieser Situation zu lügen. Ich fragte sie, ob sie ein gutes Gefühl dabei hatten, den folgenden Satz zu sagen oder auch nur zu denken: „Ich bin wirklich kostbar." Falls ja, dann brauchten sie nur den kleinen Finger zu heben. Ich wollte einfach wissen, wie viele Mädchen kein Problem damit hatten, sich selbst zu sagen, dass sie besonders waren, dass sie wertvoll waren und dass sie sich deswegen nicht schämen mussten oder so. Was meinst du, wie viele Mädchen in einer Runde gaben mir das Zeichen mit dem Finger? Wie hoch war deiner Meinung nach der durchschnittliche Prozentsatz?

Willst du wissen, wie viele Mädchen sich wirklich kostbar fühlten und damit auch kein Problem hatten? Zwei. Zwei von ihnen. Nicht zwei pro Gruppe, sondern zwei Mädchen während des ganzen Sommers! *Zwei*, eine und noch eine, zwei von allen Mädchen, denen ich begegnet bin!

Das hat mich total umgehauen. Ich weiß ja, dass jeder immer mal wieder mit sich unzufrieden ist und sich verbessern will und bla bla bla ... Aber dass die Leute sich überhaupt nicht kostbar fühlen? Ich bin immer noch erschüttert darüber, wie viele Jugendliche, vor allem Mädchen, noch meilenweit davon entfernt sind, mit gutem Selbstbewusstsein sagen zu können: „Ich bin kostbar."

Wie hoch ist dein Selbstwert?

1. Wie wohl fühlst du dich, wenn du sagst: „Ich bin wirklich kostbar"?
a) Sehr *unwohl* – irgendwie fällt dir dabei eine Kosmetikwerbung ein, und du hast nicht das Gefühl, so viel „wert zu sein" wie diese Wahnsinnsfrauen.
b) Du weißt, dass du eigentlich kein Problem damit haben solltest, aber irgendwie fällt es dir doch schwer.
c) Total wohl!

2. Wer wärst du am liebsten?
a) Dein Lieblingsstar.
b) Du selbst in einer etwas hübscheren Version: mit besserem Aussehen, mehr Erfolg und einem besseren Charakter.
c) Du bist mit dir voll und ganz zufrieden.

3. Woher bekommst du in erster Linie Bestätigung und Anerkennung?
a) Von der Aufmerksamkeit, die andere (Jungs eingeschlossen) dir zuteilwerden lassen.
b) Von deinen Leistungen.
c) Vom täglichen Dank an Gott dafür, dass er dich geschaffen hat.

Jetzt zähle deine Punkte zusammen:
Für a) gibt es jeweils 3 Punkte, für b) 2 und für c) 1.

Dein Ergebnis:

8–9 Punkte:
Du hältst dich nicht für sehr kostbar. Leider machst du deinen Wert von den unrealistischen Erwartungen deiner Umwelt abhängig.

5–7 Punkte:
Du hältst dich für ein bisschen kostbar. Du glaubst, dass du im Moment noch keinen großen Wert hast. Du hast aber die idealistische Hoffnung, dass du deinen Wert in der Zukunft steigern kannst.

3–4 Punkte:
Du hältst dich für sehr kostbar! Du verstehst deinen wahren Wert und kennst den richtigen Ort, wo du dich seiner vergewissern kannst.

Die ersten Schritte

Alles der Reihe nach, oder? Du setzt einen Fuß vor den anderen; so lernst du zu gehen. Warum sollte das bei Beziehungen anders sein? Wie sollen wir all die komplizierten Dinge des Lebens verstehen, wenn wir nicht einmal annehmen können, dass wir kostbar sind? Glaubst du, dass andere Menschen kostbar sind? Ja, schon, wahrscheinlich, du schaust jemanden an und kannst sagen, dass er kostbar ist. Ich meine, warum sollte er nicht kostbar sein? Man kann sich sehr schnell denken, dass die Menschen im Allgemeinen einen Wert haben. Warum fällt es dann einem einzelnen Menschen so schwer, sich klarzumachen, dass auch er oder sie ein wertvolles Individuum ist?

Er mag sie

Ich habe mich neulich mit einem etwas jüngeren Freund von mir unterhalten. Es gibt da dieses Mädchen, das er sehr mag. Er findet sie echt toll, ist schon seit einer Weile mit ihr befreundet und steht kurz davor, sie zu fragen, ob sie nicht eine Beziehung eingehen wollen. Er mag sie so sehr, dass er bereit ist, die ersten Schritte auf dem Weg zu einer starken und dauernden Beziehung zu machen. Und sie findet ihn auch toll. Sie mag ihn genauso sehr, wie er sie mag. Das ist wirklich schön mit anzusehen.

Einen Haken hat das Ganze aber doch. Ihr steht da noch etwas im Wege, nämlich ihre eigene Meinung über sich selbst. Im Großen und Ganzen scheint sie ein tolles Mädchen zu sein. Sie ist schlau, humorvoll, kreativ – aber sie hat ein Problem. Ein Problem, das viele Mädchen haben. Ihnen fehlt ein Vater, der ihnen das Gefühl vermittelt, wirklich wertvoll zu sein. Und weißt du was? Das wirkt sich auf viele Dinge negativ aus. Es könnte sein, dass sie von ihrem Freund mehr Anerkennung und Bestätigung erwartet, als er ihr geben kann. Sie könnte sich unsicher fühlen und den Eindruck haben, dass mit ihr etwas nicht stimmt, dass sie nicht gut genug ist. Vielleicht gibt es ein besseres Mädchen für ihn, oder vielleicht denkt er einfach nicht so oft an sie wie sie an ihn, und so könnte das immer weitergehen.

Ich unterhielt mich also mit diesem Freund über diese Angelegenheit, als es uns auf einmal dämmerte: Vieles von dem würde sich praktisch von selbst erledigen, wenn sie einfach mit sich selbst im Reinen wäre. Es täte ihr so gut, wenn sie sich selbst mögen könnte. Ich weiß, das klingt so einfach, vielleicht sogar zu einfach, aber es stimmt trotzdem. Also lass uns diese Sache mal aus einer anderen Perspektive betrachten.

Meine Beziehung zu mir

Stell dir einen Jungen vor, der ständig dächte, er wäre nicht gut genug, der kein Selbstbewusstsein hätte, sich nicht leiden könnte und sich ständig mit anderen Jungs vergliche. Es gibt Jungen, die wirklich so sind, aber insgesamt kommt das bei Jungs viel seltener vor als bei Mädchen. Wenn du mit einem Jungen zusammen sein willst, sollte er dann nicht mit sich selbst im Reinen sein? Möchtest du nicht sicher sein, dass er sich in seiner eigenen Haut wohlfühlt und nicht ständig jemand anderes sein will? Interessanterweise beschweren sich Mädchen eher über das Gegenteil, dass Jungs nämlich zu selbstverliebt seien. Das ist freilich eher die Ausnahme. Viele von uns haben dieselben Probleme wie ihr; wir können sie nur besser verstecken. Auch Jungs müssen lernen, die Haut, das Gesicht, den Geist und das Herz, das Gott ihnen geschenkt hat, anzunehmen. Wir müssen das lernen, um ein gesundes Leben führen zu können, und das gilt für euch genauso.

Es gibt nichts Natürlicheres, Gesünderes und Anziehenderes (in jedem Sinne des Wortes) als ein Mädchen, das so mit sich zufrieden ist, wie sie ist. Das hat eine stärkere Wirkung als ihr Aussehen, ihre Klamotten, ihre Haare und alles andere, in das sie viel Mühe investiert. Außerdem können all diese Dinge nicht die wichtigste und attraktivste Sache ersetzen, die du jemals tun kannst: nämlich lernen, dich selbst zu mögen und wertzuschätzen.

Dieses Buch handelt von Beziehungen, aber noch wichtiger ist die Beziehung, die du zu dir selbst hast. Vielleicht nimmst du dir ja schon die Zeit, diese Beziehung zu dir selbst immer mal wieder in Augenschein zu nehmen, aber falls nicht, dann wäre jetzt ein guter Zeitpunkt, um damit anzufangen.

◎ Bist du ehrlich in deiner Einschätzung, wie du mit dir selbst umgehst?

_____

◎ Bist du deine beste Freundin oder deine schlimmste Feindin?

_____

◎ Kannst du auf Anhieb fünf gute Eigenschaften von dir nennen?

_____

◎ Bist du deiner Familie und deinen Freunden gegenüber selbstbewusst?

_____

◎ Sprichst du freundlich mit dir selbst oder machst du dich eher fertig?

◎ Gefällt dir dein Aussehen, oder denkst du die meiste Zeit darüber nach, was du an dir ändern kannst?

◎ Würdest du zulassen, dass jemand anderes dich so behandelt, wie du dich selbst behandelst?

Wahre Liebe

Wenn am Ende alles auf eine Sache hinausläuft, dann ist das meistens Liebe. Ehrlich, das ist das eigentliche Thema, um das es hier geht; warum es wichtig ist, dich selbst und andere Leute, inklusive Jungs, zu schätzen. Darum geht es bei der Liebe. Viele Menschen nehmen sich leider nicht die Zeit, um zu verstehen, was Liebe bedeutet, und später rächt sich das dann. Sehr wichtig ist es dabei, zwischen wahrer Liebe und einem anderen Phänomen zu unterscheiden, das auf den ersten Blick wie Liebe aussieht. Ich nenne das Vernarrtheit, und obwohl es ähnlich zu sein scheint, ist es etwas ganz anderes.

Du wünschst dir sicher einen Jungen, der weiß, was es bedeutet, für einen anderen da zu sein. Umgekehrt ist es auch so: Jungs mögen Mädchen, die für sie da sind. Im Folgenden liste ich einige Punkte auf, die sich mit den Unterschieden zwischen Liebe und Vernarrtheit beschäftigen. Ich hoffe, dass du sie nicht nur auf dich selbst beziehst, sondern sie bei allen Menschen berücksichtigst, die jetzt und in der Zukunft in dein Leben treten.

1. Vernarrtheit kommt ganz plötzlich über einen. Liebe dagegen schlägt langsam Wurzeln und wächst mit der Zeit.

2. Vernarrtheit ist immer mit einer gewissen Unsicherheit gepaart. Du bist aufgeregt und unruhig, fast wie bei einem Fieber. Wenn der andere nicht da ist, fühlst du dich elend. Du kannst es nicht abwarten, ihn wiederzusehen. Liebe bringt ein Gefühl der Sicherheit mit sich. Du hast ein warmes Gefühl der Nähe und Verbundenheit, selbst wenn der andere nicht da ist. Entfernungen spielen da keine Rolle mehr. Du wünschst dir, die Person wäre bei dir, aber du kannst warten.

3. Wenn du in jemanden vernarrt bist, verlierst du manchmal den Appetit. Du träumst vor dich hin und kannst dich nicht konzentrieren. Du kannst nicht lernen, du hast deine Gedanken nicht mehr unter Kontrolle. Du bist leicht zu reizen und unfreundlich, auch deiner Familie gegenüber. Wenn du liebst, ist das genau umgekehrt. Du benimmst dich vernünftig, fühlst dich sicher und kannst anderen leichter vertrauen. Liebe gibt dir neue Energie und spornt dich an, Dinge zu tun, die du nie für möglich gehalten hättest.

4. Vernarrtheit weckt in dir ein Gefühl der Ungeduld. Du kannst nicht riskieren, ihn oder sie zu verlieren. Wenn du jemanden liebst, kannst du warten. Du bist dir des anderen gewiss. Du kannst voller Vertrauen die Zukunft planen.

5. Vernarrtheit kann das Ergebnis eines zu starken Interesses an der eigenen Selbstbestätigung sein. Du wünschst dir, mit der anderen Person identifiziert zu werden. Deine Freunde sollen sehen, dass er oder sie gerade dich erwählt hat. Bei

Liebe ist jedoch immer die Sorge um das Wohlergehen des anderen stärker. Du bist mehr auf sie oder ihn konzentriert als auf dich selbst.

6. Vernarrtheit kann eine bloß körperliche Anziehung darstellen. Wenn du ehrlich bist, wirst du entdecken, dass du die Zeit mit dem anderen weniger genießt, wenn sie nicht auf irgendwelche sexuellen Aktivitäten hinausläuft. Sex ist auch ein natürlicher und ungezwungener Aspekt der Liebe, aber eben nur ein Aspekt. Wenn deine Liebe echt ist, dann wirst du einem geliebten Menschen gegenüber eine tiefe Freundschaft empfinden. Ihr werdet eure gemeinsame Zeit auch dann genießen, wenn der körperliche Aspekt keine Rolle spielt.

7. Vernarrte Pärchen streiten recht häufig. Aber wenn du jemanden liebst, wirst du immer bemüht sein, die andere Seite anzuhören, auch wenn eure Persönlichkeiten ziemlich verschieden sind. Du gibst und nimmst im gleichen Maße und bist eher bereit, Kompromisse einzugehen.

8. Wer vernarrt ist, denkt fast nie an die weiter entfernte Zukunft. Wie wird der andere in 30 Jahren sein? Wie wird er oder sie als Vater oder Mutter sein? Wie wird unser gemeinsames Leben aussehen? Liebe berücksichtigt immer auch die Zukunft, weil sie ein gemeinsames Leben aufbauen möchte.

9. Die Vernarrtheit kann dich „erwischen", aber Liebe „erwischt" dich nicht.

10. Vernarrtheit kann dich dazu bringen, Dinge zu tun, die du für falsch hältst und die dich beunruhigen. Liebe dagegen wird dich niemals unter Druck setzen, damit du deine Werte missachtest oder deine Grenzen verletzt.

11. Vernarrtheit kann dazu führen, dass du versuchst, jemand anderes zu sein, um der Person zu gefallen. Liebe dagegen heißt deine Unterschiede willkommen, sie schätzt dich als das einzigartige Wesen, das du bist. Liebe bringt in beiden

Menschen das Beste zum Vorschein. „Warum ich dich liebe? Ich liebe dich nicht nur wegen deiner ganz eigenen Art, sondern weil auch ich meine ganz eigene Art habe, wenn ich mit dir zusammen bin.“[24]

Und zum Schluss: eine echte Antwort

Ich habe mich entschlossen, das Einfachste und Wichtigste für den Schluss aufzuheben. Ich hoffe, dass du dich bis hierher nicht gelangweilt hast. Das Wichtige ist, dass du jetzt hier angekommen bist, und jetzt habe ich etwas für dich, das du wirklich wissen solltest.

Du bist kostbar. Klingt ganz einfach, oder? Versuch mal, das laut zu dir selbst zu sagen, wenn du allein bist. Fühlt sich das gut an? Versuch dir das selbst zu sagen, wenn ein Junge dich blöd anmacht, dich unter Druck setzt oder dir einfach ein ungutes Gefühl gibt und dich schlechtmacht. Wie viele von euch könnten selbstbewusst sagen: „Hey, hör auf, mir ein blödes Gefühl zu geben! Ich mag mich, so wie ich bin, also lass mich gefälligst in Ruhe“?

Das, worum es in diesem Buch im Kern geht, braucht gerade mal sieben Worte:

Jungs mögen Mädchen, die sich selbst mögen.

Stell dir einen Jungen vor, der ständig sagt, dass er hässlich sei. Stell dir vor, wie er ständig davon spricht, was die anderen Jungen alle für tolles Haar haben und sie viel stärker sind als er. Er macht sich immerzu Sorgen, dass du ihn eh nicht magst, also wird er unsicher, treibt dich in die Enge und geht dir dann wieder aus dem Weg. Oder er sagt ständig, dass er denke, du würdest ihn nicht mögen. Wenn jemand etwas Schlechtes über ihn sagt, macht er sich Vorwürfe, und er fragt sich ständig, ob nicht hinter seinem Rücken alle über ihn herziehen. Er sucht seine Freunde nicht danach aus, ob er sie mag, sondern weil er einen Platz sucht, wo er nicht auffällt und ständig mit irgendwas beschäftigt sein kann. Und wenn du ihn dir genauer anschaust, erkennst du, dass er selbst sich auch nicht sehr mag.

Würdest du mit diesem Jungen gerne zusammen sein? Würdest du eine Beziehung mit jemandem eingehen wollen, der so von sich denkt? Klingt er wie jemand, mit dem du dich gut verstehen würdest, oder eher wie jemand, dessen Persönlichkeit einer Beziehung im Wege steht? Die Antwort liegt auf der Hand. Ein Junge kann nett, hübsch, schlau, musikalisch, sportlich oder humorvoll sein. Aber eine Sache ist wichtig: Wenn er sich selbst nicht zumindest *mag*, wirst du schwerlich eine gute Beziehung mit ihm haben.

Noch eine Frage: Glaubst du, dass Jungs anders sind als du?

Im Ernst, glaubst du wirklich, ein Junge möchte mit einem Mädchen zusammen sein, das sich selbst nicht mag? Nein, vernünftige Jungen wollen das nicht. Es ist nicht verkehrt, sich selbst zu mögen. Es ist sogar falsch, es nicht zu tun. Denn das bedeutet, dass du irrational bist, weil du dich selbst nicht so siehst, wie Gott dich sieht. Jungs brauchen es, dass du dich magst. Und wenn du mit deinem Selbstbild zu kämpfen hast, dann wird sich das nicht eines Tages einfach von selbst ändern, wie durch Zauberei. Du musst jetzt anfangen, daran zu arbeiten. Wenn du nicht damit anfängst, dich in deiner Haut wohlzufühlen, dann wirst du immer dieses Jucken spüren.

Jungs mögen Mädchen, die sich selbst mögen. Ohne das geht es nicht. Um auch alles andere auf die bestmögliche Art zu tun, musst du zunächst mögen, wer du bist. Du musst zumindest dir selbst sagen (und es auch glauben): „Ja, ich mag mich, wie ich bin." Wenn du das nicht tust, können auch wir dich nicht so sehen, wie Gott dich sieht. Und er findet dich übrigens sehr schön.

Das klingt alles so einfach, aber dieser Punkt rührt an sehr tiefe Bereiche unserer Herzen und Seelen. Beachte bitte einen Unterschied: Ich spreche nicht von Mädchen, die selbstbewusst auftreten, immer den Ton angeben, eingebildet oder selbstverliebt sind. Ich habe gesagt: Jungs mögen Mädchen, die sich selbst mögen. Und ehe du nicht die Tatsache anerkannt hast, dass du wertvoll bist, können auch andere Menschen das nicht an dir lieben.

Ich wünsche dir nur das Beste für deine persönliche Reise. Danke, dass du mich nicht ausgelacht hast, als ich dir all diese Sachen erzählt habe – obwohl ich das natürlich nicht nachprüfen kann. Genieß die Reise und lerne unterwegs. Du wirst nicht perfekt sein, aber wer will das schon? Das ist doch langweilig. Ich hoffe, du wirst nicht Perfektion schätzen, sondern dich selbst, von Tag zu Tag ein bisschen mehr. Für dich selbst und für die Jungs.

Die bist für einen ganz bestimmten Jungen die Zukunft. Du bist jetzt schon von größerem Wert für ihn, als du je verstehen wirst.

Wir sind uns wahrscheinlich noch nicht begegnet, aber wenn wir uns träfen, würde ich dich mögen. Ich hoffe, dass du dich auch magst.

Kapitel 13

Ein Navi für deine Beziehungs-Landkarte

In diesem Buch sind jede Menge Informationen enthalten, die erst mal verdaut werden müssen. Deshalb will ich dir zum Schluss noch ein paar konkrete Vorschläge zum Thema Beziehungen und Verabredungen machen. Ich möchte mich auch bei den Tausenden von Jugendlichen bedanken, die mir in Briefen und E-Mails ihre Fragen und Gedanken mitgeteilt haben und das auch immer noch tun. Es ist eine Ehre, meine Gedanken mit euch teilen zu können, und ich will das gerne auch weiterhin machen, solange ihr mir das erlaubt.

Wenn ich Vorträge vor Jugendlichen halte, werden mir oft ganz ähnliche Fragen gestellt. Ich kann die unmöglich alle beantworten, aber ich habe sie mal in verschiedene Kategorien eingeteilt und für jede ein paar Vorschläge zusammengestellt, die du mit auf deinen Weg nehmen kannst. Das ist so eine Art „Wegbeschreibung" für deine „Beziehungs-Landkarte". Nichts Kompliziertes, aber etwas, das dir hoffentlich hilft. Beim Thema Beziehung gibt es Dinge, die du *tun*, und solche, die du *nicht tun* solltest. Ich hoffe, du schaust dir das mal genau an.

Du hast es verdient, Freude an deinen Beziehungen zu haben. Du bist in der Lage dazu, und ich hoffe und bete, dass du es auch wirklich umsetzt. Also, hier ein paar grundsätzliche Regeln und Tipps für Beziehungen und erste Treffen mit Jungs:

Chads kleines Verabredungs-und-Beziehungs-Einmaleins

Zuerst ein paar Dinge, die du *nicht* tun solltest – manche habe ich selbst aus Erfahrung gelernt, manche habe ich von schlaueren Leuten gehört.

1. Verabrede dich nicht nur mit einem Jungen, und gehe nicht nur deshalb eine Beziehung mit ihm ein, um Aufmerksamkeit zu bekommen. In diese Falle tappen viele Leute. Wenn du nur mit einem Jungen zusammen sein willst, weil du das Gefühl hast, dass du seine Aufmerksamkeit brauchst, dann ist das schwierig. In diesem Fall musst du erst mal deine eigene Unsicherheit ablegen, bevor du dich auf eine Beziehung einlassen kannst. Ein Junge kann dir niemals allein all die Aufmerksamkeit geben, die du brauchst. Und noch ein kleines Geheimnis: Das wollen wir auch gar nicht. Wir möchten die Zeit mit dir aus den richtigen Gründen genießen.

2. Gehe nicht einfach nur eine Beziehung ein, weil du einsam bist. Du fühlst dich dann vielleicht eine Weile gut, aber deine Einsamkeit verschwindet dadurch nicht. Es wäre viel sinnvoller, dir andere Beschäftigungen zu suchen – in der Schule, in einem Sportverein oder etwas in der Art –, die deine Zeit auf konstruktive Weise in Anspruch nehmen. Es ist auch nicht dir und dem Jungen gegenüber fair, wenn eine Beziehung einen anderen Mangel ausfüllen soll.

3. Stell dir Beziehungen nicht als eine Sache vor, die nur

hier und heute eine Rolle spielt. Wirf immer wieder auch einen Blick in die Zukunft. Stell dir das eher so vor: Das Kennenlernen des anderen Geschlechts ist ein Prozess. Wenn du Interesse an einem Jungen hast, dann nutze die Chance, ihn erst besser kennenzulernen, bevor ihr gleich eine feste Beziehung eingeht. So kannst du mehr über einen Menschen erfahren und herausfinden, was du magst und was nicht, was du zulässt und was nicht.

4. Baue nicht eine Beziehung zu einem Jungen auf in der Hoffnung, dass du ihn irgendwie ändern oder, schlimmer noch: bekehren kannst. Das ist nicht deine Aufgabe, das übernimmt Gott. Er wirkt zu seiner Zeit am Herz eines Menschen. Wenn jemand in Not ist oder Hilfe braucht, dann kannst du ihm als Freund besser helfen und solltest nicht versuchen, eine romantische Beziehung mit ihm einzugehen.

Stell dir vor, du stehst auf einem Stuhl und willst einer anderen Person helfen, ebenfalls auf den Stuhl zu steigen. Das ist eine knifflige Sache. Denn die Chance, dass der andere dich versehentlich vom Stuhl stößt, ist viel größer als die Chance, dass du ihm nach oben hilfst. Menschen, die einen ungesunden Lebenswandel haben, ziehen dich schneller nach unten, als du sie nach oben ziehen kannst. Sei für so jemanden ein guter Freund, aber nicht seine Freundin.

Im Märchen wird aus dem Frosch ein Prinz, aber das ist eben nur ein Märchen. Im wirklichen Leben passiert so etwas nicht. Und überhaupt solltest du keine Frösche küssen, das ist ja eklig!

5. Versuche nicht, dich dem Geschmack eines anderen anzupassen. Du wirst es bereuen und dich am Ende noch schlechter fühlen. Nicht alle Jungs werden dich mögen, und du kannst sie auch nicht dazu zwingen. Du wurdest erschaffen, um du selbst zu sein und niemand anderes. Die Leute, die

einen Platz in deinem Leben einnehmen, tun dies, gerade weil du *du bist*, und nicht, weil du versuchst, den Vorstellungen anderer zu entsprechen.

6. Verabrede dich nicht mit solchen Jungen und gehe keine Beziehung mit ihnen ein, die dich oder andere nicht respektieren. So etwas führt zu schlimmen Ergebnissen. Mädchen werden missachtet, verbal oder sexuell ausgenutzt oder andere schreckliche Dinge passieren. Wenn Respekt nicht zu den Charaktereigenschaften eines Jungen zählt, dann verschwende deine Zeit nicht mit ihm und schade nicht deiner Selbstachtung, indem du dich in so ein Umfeld begibst. Es ist doch ganz einfach: Wenn jemand andere Leute nicht respektiert, wird er dich auch nicht respektieren.

7. Habe eine gesunde Skepsis gegenüber dem Spruch „Gegensätze ziehen sich an". Du hast vielleicht das Gefühl, dass so jemand dich perfekt ergänzt, als wäre er das fehlende Puzzleteilchen deiner Persönlichkeit, als würdet ihr zusammen zu einer perfekten Einheit. Wenn du schüchtern und ängstlich bist, fühlst du dich vielleicht zu einem starken und selbstbewussten Jungen hingezogen. Dieser Junge ist alles, was du nicht bist. Das Problem daran ist, dass so eine Beziehung dein eigenes Wachstum bremst. Gott möchte, dass wir vor allem von ihm abhängig sind, nicht von den Fähigkeiten und Talenten anderer Menschen. Verliebe dich nicht in einen extrovertierten Jungen, nur weil du selbst schüchtern bist. Du solltest an jemandem interessiert sein, weil er dich ermutigt, zu wachsen, dich zu entwickeln, zu lieben und Gott besser kennenzulernen. Du solltest dich *nicht* in jemanden verlieben, weil er das ist, was du nicht bist.[25]

Und hier sind die Dinge, die du *tun* solltest:

1. Für ein erstes Treffen mit einem Jungen verabrede dich an einem öffentlichen Ort, vor allem, wenn du den Jungen noch nicht so gut kennst. Ins Kino zu gehen ist eine blöde Idee. Echt. Tut mir Leid, wenn ich das so klar sage. Ich habe nichts gegen Filme, ich mag sie sogar sehr, insbesondere die mit vielen Explosionen. Aber eine Verabredung soll dazu führen, dass du den anderen besser kennenlernst, und das geht nur, wo du auch mit ihm *reden* kannst.

2. Überlege dir, wie auch der Junge sich wohlfühlen könnte. Minigolf ist deshalb eine feine Sache, weil man sich dabei unterhalten kann und Jungs sich dabei wohlfühlen. Es ist für einen Jungen übrigens *nicht* sehr angenehm, stundenlang an einem Tisch in einem Restaurant zu sitzen und sein Gegenüber anzustarren.

3. Wenn du dich mit einem Jungen verabredet hast, hab keine Angst, selbst einen Vorschlag für einen Treffpunkt zu machen. Jungs sind da manchmal nicht sehr kreativ. Aber wenn du einen Vorschlag machst, können wir uns anstrengen, das Beste daraus zu machen.

4. Lerne, Nein zu sagen. Wenn du anderen ein klares Nein sagen kannst, kommst du nicht so schnell in Situationen, die dir schaden können. Es ist auch wirklich nicht schwer zu buchstabieren.

5. Sieh dir noch mal deinen Lieblings-„Mädchen"-Film genau an. Achte darauf, wie die Hauptfiguren handeln und wie wenig das meist mit dem wahren Leben zu tun hat. Wie verhalten sie sich bei einer Verabredung oder in ihrer Beziehung? Fühlen sie sich wohl oder nicht wohl dabei? Wie realistisch ist das?

6. Unternimm etwas mit dem Jungen, den du magst, in

einer Gruppe oder in eurem Freundeskreis. Das ist eine tolle Sache, weil dort viel weniger Druck herrscht. Und wenn ein paar deiner Freundinnen den Jungen im Auge haben, den du magst, können sie dir vielleicht aufgrund ihrer Beobachtungen wichtige Tipps geben!

7. Setze deine Grenzen frühzeitig, damit du im Ernstfall nicht lange überlegen musst, ob du dich mit einer Sache wohl- oder nicht wohlfühlst. Grenzen zu haben bedeutet, dass du in der Lage bist, deine Bedürfnisse auszudrücken, wenn jemand deine Grenze überschreitet. Das kann manchmal schwierig sein, aber das gehört zu einer gesunden Persönlichkeit. Grenzen sind nicht dafür da, dass man sie verschiebt. Sie helfen uns dabei, bestimmte Linien nicht zu überqueren, die nicht zu überqueren wir beschlossen haben. Grenzen beschützen dich und ermöglichen dir, die bestmöglichen Beziehungen zu führen. Das wird die richtigen Leute in deinem Leben anziehen und, was genauso wichtig ist, es hält die falschen Leute von dir fern.

8. Achte darauf, dass alles mit einer Freundschaft beginnt. Selbst wenn du sehr starke Gefühle für einen Jungen hast, ist es unglaublich wichtig, dass du zuerst lernst, einfach mit ihm befreundet zu sein. Wenn die Beziehung sich dann intensiviert, dann intensiviert sich auch eure Freundschaft. Wenn nicht, dann hast du immerhin noch einen Freund. Freundschaft ist die allerwichtigste Zutat in jeder erfolgreichen Beziehung.

9. Vergiss nie, dass Gott dich mag. Er möchte nicht, dass du größer bist; er mag dich so, wie du bist. Er hat dich erschaffen. Er hat einen Plan für dich. Er hat einen ganz besonderen Menschen für dich parat. Deshalb vertraue Gott und verlass dich auf ihn. Bei ihm bekommst du ein realistisches Bild von dir selbst, und ich verspreche dir: Das ist ein echt tolles Bild.

10. Denk immer daran: *Jungs mögen Mädchen, die sich selbst mögen.* Dich selbst zu mögen ist der Grundstein für alles andere. Du kommst in einer gesunden Beziehung nicht voran, wenn du nicht anfängst zu verstehen, dass du kostbar bist, und dich damit wohlzufühlen.

11. Genieß es!

Anmerkungen

[1] aus: *The Art of Loving Well: A Character Education Curriculum for Today's Teenagers*. Boston: Boston University 1998, S. 92.

[2] Ebd. S. 91.

[3] *Newsletter of the Gallup Youth Survey* 8, Nr. 10, Juni 2001.

[4] Am Ende der amerikanischen Highschool-Zeit (nach der 12. Klasse) findet in der Regel ein Abschlussball statt, der bei den Schülerinnen und Schülern sehr beliebt und für sie etwas ganz Besonderes ist. Spannend ist für die Mädchen vor allem, welcher Junge sie fragen wird, um mit ihm gemeinsam zu dem Ball zu gehen. Vergleichbar ist dieser Highschool-Abschlussball mit dem Abschlussball der 10. Klassen an Realschulen oder dem „Abiball" nach bestandenem Abitur an Gymnasien und Gesamtschulen. Beides wird in den meisten Regionen Deutschlands gefeiert.

[5] Pam und Bill Farrel: *Männer sind wie Waffeln – Frauen sind wie Spaghetti*. Holzgerlingen: SCM Hänssler 2010.

[6] Centers for Disease Control and Prevention, National Center for Health Statistics, Division of Vital Statistics, verschiedene Jahre, http://www.cdc.gov.

[7] Lillian Glass: *He Says, She Says*. New York: Pedigree 1993.

[8] Chad Eastham: *The Truth About Guys*. Nashville: Thomas Nelson 2006.

[9] Carol Emery Normandi/Laurelee Roark: *Over It: A Teen's Guide to Getting Beyond Obsessions with Food and Weight*. Novato/Kalifornien: New World Library 2001.

[10] Benjamin R. Barber: *Consumed: How Markets Corrupt Children, Infantilize Adults, and Swallow Citizens Whole*. New York: W. W. Norton & Company Inc 2007.

[11] *The Heritage Foundation: A Book of Charts*, http://www. heritage.org.

[12] Bernice Kranner: „Are You a Normal Guy?", in: *American Demographics 21*, Nr. 3, März 1999, S. 19.

[13] The President's Council on Physical Fitness and Sports, http://www.fitness.gov.

[14] Margo Maine/Joe Kelly: *The Body Myth: Women and the Pressure to Be Perfect.* Hoboken/New Jersey: Wiley & Sons 2005.

[15] Department of Psychiatry at the University of Minnesota, http://www.med.umn.edu/psychiatry/research/eating/ home.html.

[16] *Newsletter of the Gallup Youth Survey 8*, Nr. 10, Juni 2001.

[17] Diana Romeo: „Real Life Mean Girls", in: *Justine*, Oktober/ November 2007.

[18] *GL Magazine*, Oktober 2007, S. 66–83; persönliche Notizen von Josh McDowell.

[19] Centers for Disease Control and Prevention, National Center for Health Statistics, Division of Vital Statistics, verschiedene Jahre, http://www.cdc.gov; D. G. Curtis, „Perspectives on Acquaintance Rape", The American Academy of Experts in Traumatic Stress, http://aaets.org/arts/art13. htm.

[20] Dr. Henry Cloud/Dr. John Townsend: *Boundaries in Dating.* Grand Rapids: Zondervan Publishing 2000, S. 27. Deutsche Ausgabe: Dr. Henry Cloud/Dr. John Townsend: *Topf sucht Deckel!* Gerth Medien 2006.

[21] Anmerkung des Übersetzers: Ein „SUV" ist ein spezieller Geländewagentyp.

[22] Vgl. Fußnote 4.

[23] Michael Argyle: *Bodily Communication.* Madison: International Universities Press ²1988; Judith L. Hanna: *To Dance*

Is Human: A Theory of Nonverbal Communication. Chicago: University of Chicago Press 1987; Mark L. Knapp/ Judith A. Hall: *Nonverbal Communication in Human Interaction.* Wadsworth: Thomas Learning [5]2007; J. K. Burgoon/ D. B. Buller/W. G. Woodall: *Nonverbal Communication: The Unspoken Dialogue.* New York: McGraw-Hill [2]1996; D. B. Givens, „Body Speak: What Are You Saying?", in: *Successful Meetings*, Oktober 2000, S. 51.

[24] Aus dem Gedicht „Warum liebe ich dich?" von Carolyn Davies, in: *The Art of Loving Well*, a. a. O., S. 153–154.

[25] Dr. Henry Cloud/Dr. John Townsend: *Boundaries in Dating.* A. a. O., S. 145–146.